福岡
路上遺産

身近に残る歴史の痕跡

Y 氏
（山田孝之）

海鳥社

もくじ

I 物が語る先人たちの営み

街なかの古墳　8

山城に残る逸話を訪ねる　10

元寇の爪痕　12

今も残る福岡城の建物　16

宿場町を歩く　20

街なかに残るレトロな洋風建築物　22

市内にあった炭鉱の痕跡を探す　26

軍事遺構の眠る場所　28

かつての乗り物　32

日本庭園で憩う　34

動物園・水族館跡地　36

コラム ■ 福岡市の郷土玩具　38

II この地を踏んだ人々の痕跡

神功皇后ゆかりの地　44

菅原道真の立ち寄った場所　46

博多の豪商の栄華を偲ぶ　48

豊臣秀吉の足あと　50

福岡の礎を築いた黒田官兵衛　52

黒田家ゆかりの地　54

黒田武士の気概・母里太兵衛　56

幕末の志士たち　58

政治家の生家跡　60

マリリン・モンローのハネムーン　62

アインシュタインがやってきた　64

文人ゆかりの地　66

母里家のその後　68

Ⅲ　土地に残る人々の思い

1300年前の人が見た福岡　74

キリシタンゆかりの地を訪ねる　76

変わった風習の寺社仏閣　78

狛犬写真館　80

福岡にある大仏　82

あのお地蔵さんの由来は？　84

地名の起源を探る　88

なぜこんなところに？　90

難読地名　94

バス停の名前に残る古い地名　96

Ⅳ　知っておきたい福岡のあれこれ

発祥の地を巡る　102

博多の郷土料理　104

医療　106

映画・小説の舞台　108

スポーツの聖地　110

博多の音楽　114

街なかのアート作品　116

福岡市の"一番"を見に行く　118

巨木を見上げる　126

福岡市は保存樹の数がダントツで日本一?!　128

索引　130

主な参考文献　134

あとがき　135

Ⅰ 物が語る先人たちの営み

　福岡市はアジアとの交流の拠点として古くから発展してきました。海外との交流は莫大な富を生み出し、人々を豊かにしました。しかし、その覇権を巡って度々争いが起き、荒廃と復興を繰り返してきた土地でもあります。

　復興のたびに新たな町が形成され、さらに発展を遂げました。そのためか、福岡は新しいもの好きで古いものを大切にしない風土だと言われることもあります。

　よく「福岡には歴史的な建造物が少ない」という声を耳にしますが、実は気づかないだけで、身近な場所にたくさんの歴史遺産が残されています。

　この章では「実はこんな場所にも歴史的な逸話がある」ということに焦点を当て、街なかの意外な歴史スポットを紹介します。

日本赤十字社 福岡支部の門柱
南区大楠

現在の須崎公園の場所には、明治後期から昭和初期にかけて日本赤十字社福岡支部支部がありました。福岡大空襲の際に焼失しましたが門柱だけは残り、現在は大楠の福岡赤十字病院前に移設されています。

デーメーテール像
中央区大濠公園

大濠公園内にあるデーメーテール像は、昭和50（1975）年に山陽新幹線が博多駅まで延伸されたことを記念して、大濠公園で開催された「福岡博覧会」の際に会場入り口にシンボルとして展示されていたものです。

デーメーテールはギリシャ神話に出てくる女神で、母なる大地を意味します。

この博覧会は3月15日から5月27日まで約2カ月の開催期間に約214万3000人もの人が訪れたそうで、九州で開催された博覧会の中では過去最大規模の盛り上がりをみせたのだとか。

デーメーテール像の横には博覧会の開催記念として造られた「野鳥の森」の碑も残されています。

Ⅰ　物が語る先人たちの営み

街なかの古墳

福岡は中国大陸や朝鮮半島に近く、古代から交易が盛んだったため、貴重な遺跡や副葬品があります。
県内の古墳の数も全国でトップクラスで、街なかにもあったりします。
ここでは、福岡市内の意外な場所にある古墳を巡ってみましょう。

梅林古墳　　城南区梅林

全長27メートルもある前方後円墳で、須恵器や馬具、ガラスの管玉（くだたま）などが出土しています。梅林団地内に古墳があるため、建物の横に描かれているイラストも古墳関連のものになっています（左）。

神松寺古墳　　城南区神松寺

神松寺の住宅街の少し小高くなった場所にある老松神社。昭和の終わりごろに、この神社がある小山が全長約20メートルの前方後円墳であることが分かり、発掘調査が行われました。その結果、装身具や馬具などが出土しています。

那珂八幡古墳
博多区那珂

那珂1丁目にある那珂八幡宮は全長75メートルの前方後円墳の上に建っています。昭和の終わりに行われた発掘調査では、三角縁神獣鏡などが見つかっています。古墳の周囲には、古墳の形状に沿ってできたと考えられる円形の道筋が残っています。

東光寺剣塚古墳
博多区竹下

竹下のアサヒビール博多工場内には、東光寺剣塚古墳があります。人物や馬などの形象埴輪が出土しており、石室からは刀や鎌なども見つかっています。

Ⅰ　物が語る先人たちの営み　9

[山城に残る逸話を訪ねる]

福岡市の城としては中央区にある福岡城が有名ですが、
そのほかにもいくつかの城が存在していました。
かつて繁栄を極めた城の跡を巡ってみましょう。

安楽平城跡　　　　　　　　　早良区脇山

上の写真は、脇山にある安楽平（あらひら）城跡。1400年代に築かれたとされる古い山城です。1500年代には小田部鎮元（しずもと）の居城となりましたが、龍造寺氏に攻められて落城しました。城が落ちる際、鎮元は自刃したとされ、その場所には自刃之地の碑が建てられています。

曲渕城跡　　早良区曲渕

曲渕ダム近くの山神社は、1500年代にあった曲渕城の城跡です。

その昔、この近くに住む鍛冶屋甚五兵衛の家に僧侶が訪ねてきて泊めて欲しいと頼みました。甚五兵衛は野宿をさせるわけにはいかないと同情し、泊めてあげました。僧侶はこの手紙を持って糸島の高祖（たかす）城を訪ねて下さいと言い、去って行きました。

後日、高祖城を訪ねてみると、実は僧侶が北条時頼だったということが分かり、曲渕河内守の名をもらい曲渕城主になったという言い伝えが残されています。

立花山城跡
東区下原

大友貞載が鎌倉時代に築いた大規模な城で、女城主として知られる立花誾千代（ぎんちよ）の居城でもあった場所です。戦国時代には重要な拠点として戦乱に巻き込まれることもありましたが、江戸時代には廃城となりました。現在は石垣と井戸跡が残っています。

名島城跡
東区名島

名島城は、もともとは立花山城の出城として造られたもので、安土桃山時代に小早川氏の居城となりました。その後、江戸時代には黒田氏の居城となったものの、水害が多かったことや利便性の面から黒田氏は福岡城に移り、名島城は廃城となりました。
福岡城築城の際に石垣などの多くを移築しているため、現在は痕跡がほとんどなく、名島城址公園内に櫓（やぐら）の跡などが一部残るのみとなっています。

姪浜城跡
西区愛宕

愛宕神社近くにあったとされる姪浜城。現在は山の上に開けた土地があるのみで、その痕跡らしきものは全く残っていません。姪浜城は鎌倉時代に幕府が九州を統括するために設置していた出先機関の「鎮西探題」だったのではないかとも言われています。

Ⅰ　物が語る先人たちの営み　　11

[元寇の爪痕]

鎌倉時代、北部九州に元軍（モンゴル軍）が攻め入り、現在の福岡市の各地で合戦が行われました。大規模な侵攻であったため、その痕跡や逸話がいろいろな場所に残っています。ここでは元寇ゆかりの地を巡ってみましょう。

鳥飼潟・塩屋の松
中央区鳥飼

鳥飼潟は「蒙古襲来絵詞」に描かれている合戦場。元軍と肥後武士・竹崎季長（すえなが）が戦い、見事撃退した場所です。「塩屋の松」と言われる松の木が描かれていますが、鳥飼の埴安（はにやす）神社の額束は塩屋の松を使って作られたものだと言われています。

祖原山
早良区昭代

現在の祖原公園は、博多に攻め入った元軍が陣営を築いた場所です。小高くなった場所は見晴らしもよく、陣営には最適だったと考えられます。「蒙古襲来絵詞」には元軍がドラや太鼓を打ち鳴らして士気を高める様子が描かれています。

元寇防塁

1度目の侵攻(文永の役)で沿岸部の防衛が手薄であることに危機感を持った幕府は、次の侵攻に備えて、博多湾に面する部分を高さ2メートルの壁で囲いました。
2度目の侵攻(弘安の役)の際にはこの防塁が大きな力を発揮して、元軍の上陸を防ぐのに役立った言われています。元寇防塁のほとんどは福岡城を築城する際、城の石垣にするため取り壊されましたが、一部は発掘などで発見されています。

［上］　　　早良区西新

西南学院近くの緑地にある元寇防塁。緑地には元寇神社が建てられ、元寇によって犠牲となった人が祀られています。

［中］　　　西区今津

今津運動公園の北側の松林にある元寇防塁。ほぼ当時の状態を留める形で発掘されたと言われています。ちなみに発掘作業には第一次世界大戦の時に青島から連行されたドイツ人捕虜が携わっています。

［下］　　　博多区奈良屋町

現在は海岸線から1キロほどの場所にありますが、当時の海岸線はこの場所にあり、博多小学校の地下からは元寇防塁が出土しています。

Ⅰ　物が語る先人たちの営み　　13

亀山上皇像　　　　　東区東公園

元寇の際に敵国の降伏を祈願した亀山上皇。像の高さは約5メートル。「福岡が元寇のゆかりの地でありながら元寇を顕彰する記念碑がない」ということで明治37（1904）年に元寇の古戦場である東公園に建立されました。博多の彫刻家・山崎朝雲の作で、原型の木像が筥崎宮に奉納されています。

日蓮聖人像　　　　　東区東公園

日蓮聖人は日蓮宗（法華宗）の宗祖で、元寇を予言して鎌倉幕府の北条時頼に危機に備えるように進言した人物です。この像は亀山上皇像とともに明治37（1904）年に作られたもので、高さ約10メートル、重さ約74トンという巨大さ。奈良の大仏、鎌倉の大仏に次いで、日本で3番目に大きい青銅製の像です。
もともとの計画では北条時宗の像に日蓮聖人のパネルを埋め込んだものを建てることで話が進められていましたが、北条時宗によって日蓮宗が弾圧された歴史があり、日蓮宗の信者に配慮して日蓮聖人像とその隣に亀山上皇の銅像が建てられたと言われています。

筥崎宮扁額　　　　　東区

亀山上皇は、元寇によって焼失した筥崎宮を再興する際に「敵国降伏」の宸筆（しんぴつ）を納めています。筥崎宮の楼門は文禄年間（1593—96年）に小早川隆景によって建立されたもので、楼門には「敵国降伏」の扁額が掲げられています。そのことからこの楼門は「伏敵門」とも呼ばれています。

蒙古碇石　　博多区

元軍が乗ってきた船は神風によって壊滅し博多湾に沈みました。後年、博多湾の至る所で元の船の碇石が見つかっており、承天寺、聖福寺、櫛田神社などの寺や神社に奉納されています。中呉服町の善導寺の碇石には地蔵菩薩が刻まれた形で残されています。

蒙古軍供養塔・火焔塔　　東区志賀島

神風によって元軍の船が壊滅したことで日本が勝利し、その後、残党狩りが行われて多くのモンゴル兵が処刑されたと言われています。志賀島南西部の海岸では220名ものモンゴル兵が処刑され、その場所には供養のために建てられた無数の首切塚（クビキレ塚）が現在でも残されています（写真提供：福岡市）。

元寇資料館　　東区東公園

東公園内にある元寇に関するさまざまな品を展示する資料館。元軍が使用した武器や鎧、兜などが展示されています。また、日蓮聖人像建立に関する資料や日露戦争関係の資料などもあり、元寇当時のことのみならず、元寇が後に与えた影響などもあわせて学ぶことができます。

Ⅰ　物が語る先人たちの営み　　15

今も残る福岡城の建物

江戸時代初めに造られた福岡城は明治維新まで黒田家の居城でしたが、維新後は県庁となり、その後、軍の施設として使われました。軍用地にするために城内の多くの建物が取り壊されたものの、一部は江戸時代の姿を留めたまま残っています。

南ノ丸多門櫓

写真は南ノ丸多門櫓(たもんやぐら)。城の防衛のために設置された櫓で、普段は倉庫として使用されたと考えられています。横に長い櫓にある複数の小窓から、攻めてきた敵を鉄砲や石で攻撃する仕組みになっています。城内に西日本短期大学があったころには学生寮としても使われていました。

(伝)潮見櫓

下之橋御門の横にあります。最近の研究で、この建物は潮見櫓ではなく、福岡城内のどこかにあった別の建物であるということが分かり、「(伝)」が頭に付けられています。(伝)潮見櫓は太鼓櫓ではないかと推測されていて、本物の潮見櫓は崇福寺に移転後、現在は解体され保管中です。

下之橋御門

福岡城内にいる女中などが使用していたと言われている門です。平成12(2000)年に火災で一部が燃えてしまいましたが、修復・復元が行われ、現在の形となりました。

祈念櫓

福岡城の鬼門封じのために建てられた櫓で、中には茶室などもあります。祈念櫓には僧徒が交替で入っていたそうです。大正7(1918)年に北九州市八幡東区の大正寺に移設されましたが、昭和58(1983)年に再びこの場所に戻されました。

本丸表御門

本丸表御門は現在、福岡城内にはなく、博多区千代の崇福寺に移設されて残っています。瓦には十字架のマークが見つかっており、黒田官兵衛がキリシタンだったことが関係しているのではないかと考えられています。

名島門

福岡城ができる前までは、名島に黒田氏の城がありました。その名島城にあった門です。福岡城築城の際に天神の福岡藩士の邸宅に移築され、戦後、この場所に移設されました。

旧母里太兵衛邸長屋門

天神にあった母里家の屋敷の門です。昭和40（1965）年にこの場所に移築されました。

絵葉書の中の建物

歩兵第二十四連隊正門

明治に入り県庁が置かれましたが、明治19（1886）年から戦前までは歩兵第二十四連隊が駐屯しました。写真は、下の橋御門御門近くにあった連隊の正門です（昭和初期）。

松木坂御門

松木坂御門は二の丸東北にあった城門で、門はすでに取り壊されており、横の屏風櫓のみが写っています。この屏風櫓も現在は存在していません（明治後期－大正前期）。

武具櫓

明治維新後、黒田家は城の建物の一部を移築して浜の町（現在の舞鶴3丁目付近）に別邸を築きました。この絵葉書の右側に写っているのが移築された武具櫓です（大正5－7年）。

Ⅰ　物が語る先人たちの営み　　19

姪浜宿

福岡市には小倉から唐津を結ぶ唐津街道が通され、
たくさんの人が行き交っていました。
街道沿いの各地には宿場町が設けられ、旅の中継地点として機能していました。
市内に残る唐津街道の宿場町跡を巡ってみましょう。

姪浜宿
早良区姪浜

現在の姪浜3丁目付近にあった姪浜宿は、幕府の役人のための宿泊施設も備えていたと言われています。街道沿いには寺社仏閣が多く、旧来の面影を残す白壁の町屋造りの家も複数残されています。

今宿　　西区

唐津街道ができた当初は姪浜宿の次の宿場町は前原宿でした。現在の距離で15キロほどあり、宿場町間の距離が長すぎるということで、今宿が作られました。古い建物のほか、馬をつないでおく「うまつなぎ石」が、今宿3丁目のもんぎわビルの横に現在でも残っています。

唐津街道旧郡境石
東区箱崎

筥崎宮前を通る県道21号の箱崎1丁目と馬出5丁目の境界部分に「従是東粕屋郡」と書かれた石柱が立てられています。この石柱は文化元（1804）年に作られたもので、旧唐津街道にあたる道沿いの表糟屋郡と那珂郡の境界を表すものです。

箱崎宿御茶屋
東区箱崎

箱崎2丁目付近。箱崎宿跡にある網屋天満宮の場所は、福岡藩主の別邸「御茶屋」があった場所です。参勤交代の際、華やかな格好で出発しますが、城下町を出ると軽装に着替えて旅をしたと言われています。御茶屋は旅の支度をしたり、船の風待ちをしたりする宿場町として機能していました。

Ⅰ　物が語る先人たちの営み　　21

[街なかに残るレトロな洋風建築物]

急速な開発によって
進展してきた福岡市には
古い建物があまり残っていないと
言われますが、
そんな中で
大切にされてきた建築物もあります。
市内に残る
レトロな洋風建築物を、
その歴史とともに巡ってみましょう。

福岡市赤煉瓦文化館（福岡市文学館）
中央区天神

明治42（1909）年の築で、旧日本生命保険株式会社の九州支店として建てられました。日本生命保険の移転後は福岡市歴史資料館となりましたが、百地浜に福岡市博物館が完成し、平成14（2002）年からは福岡市文学館として文学に関する資料が展示されています。

旧福岡県公会堂貴賓館
中央区西中洲

明治43（1910）年に開かれた第13回九州沖縄八県連合共進会の貴賓館として造られた建物で、共進会の後は、軍施設、皇室の宿泊施設、裁判所、学校など、さまざまな用途で使われました。現在は貴重なレトロ建築物として内部が公開され、観光スポットとなっています。

名島橋 東区箱崎－名島

国道3号線の多々良川にかかる名島橋は、昭和8(1933)年に木製の橋が現在の幅24メートルの橋に造り替えられました。これほど幅の広い橋になったのには、飛行場が攻撃された時に滑走路代わりに使えるようにした、路面電車が通される予定だった、災害で人が殺到しても混乱なく通れるようにしていたなど、さまざまな説があります。

福岡簡易保険事務センター
中央区大濠公園

大濠公園の北側にある昭和9(1934)年築の簡易保険事務センター。簡易保険関係の施設ですが、終戦直後はGHQに接収され進駐軍の施設として使われていました。

日本銀行福岡支店
中央区天神

どっしりとした外観がいかにも昔の金融機関という雰囲気です。かなり古そうな気がしますが、意外にも戦後にできた建物で、昭和26(1951)年築です。しかし、老朽化のため、2021年度末の完成を目指し、現在、立て替えが進められています。

旧大名小学校
中央区大名

平成26（2014）年3月に合併統合により閉校となった旧大名小学校。昭和4（1929）年に造られた建物が、ほぼ当時のまま残っています。国旗掲揚台の礎石には小学校南側にあった堀の石垣の石が使われています。

西南学院大学博物館ドージャー記念館
（旧私立中学西南学院本館） 　　　　　　早良区西新

西南学院大学東キャンパスの南側入口にあるドージャー記念館の建物は、西南学院大学が私立中学西南学院だった時代の大正10（1921）年に学校の本館（講堂）として建てられたものです。かつては2階部分がチャペルとして使用されていました。

福岡警固教会
　　　　　　　中央区警固

明治初期に現在の早良区原に設立された教会が、明治18（1885）年に大名へ移転、さらに昭和4（1929）年に警固へ移り、現在も残る福岡警固教会が建てられました。
教会の設立にはNHK大河ドラマ「八重の桜」の主人公として話題になった新島八重の夫である新島襄が関係しています。

Ⅰ　物が語る先人たちの営み　　25

市内にあった炭鉱の痕跡を探す

福岡県は明治の初めから昭和の終わりごろまで石炭の採掘で栄えました。炭鉱というと筑豊地方を想像しますが、福岡市にも複数の炭鉱が存在していました。その痕跡を探してみました。

鳥飼炭鉱　　城南区鳥飼

鳥飼炭鉱は現在鳥飼小学校となっている場所にありました。明治末から小規模な採掘が行われていて、大正時代に起きた第一次世界大戦の軍需景気で本格的に採掘を開始。しかし、戦争の特需が終わると徐々に衰退しました。

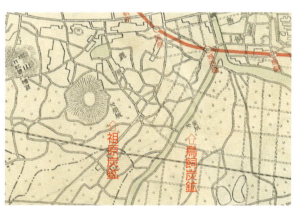

昭和2年の地図には両炭鉱の表示があります。

祖原炭鉱　　早良区昭代

現在の祖原公園の近くにあった炭鉱。鳥飼炭鉱と同様に明治末から採掘が始まり、第一次世界大戦ごろに賑わったと言われています。

樋井川炭鉱
中央区笹丘１丁目

現在のイオンスタイル笹丘周辺にも炭鉱がありました。現在は跡形もありません。

姪浜炭鉱、早良炭鉱

姪浜、愛宕浜、豊浜の一帯は炭鉱の町として栄えていました。現在のマリナタウンと小戸公園付近で採掘が行われており、小戸公園の海岸には今でも石炭のかけらが落ちています。ちなみに、マリナタウンの近くにある早良病院は炭鉱労働者向けに発足した病院です。

左は、姪浜炭鉱が描かれた昭和11年の地図（上）と、昭和初期の絵葉書

Ⅰ　物が語る先人たちの営み　27

軍事遺構の眠る場所

現在ではなかなか想像できませんが、戦前戦中は福岡市内の各所に軍事施設が作られていました。今でも残っている軍に関する遺構を紹介します。

弾薬庫跡　　博多区月隈

月隈にある福岡市埋蔵文化財センター月隈収蔵庫裏の山の斜面に、倉庫のような施設があります。これは戦時中日本軍が使用していた弾薬庫の跡で、戦後は米軍によって使われていました。入口部分には英語で「DANGER」の文字が記されています。

別府の陸軍境界杭　　城南区別府

別府1丁目の天満宮（天神森）の周辺には西部軍司令部の官舎があったと言われ、天満宮の入り口には「陸軍」と書かれた境界杭が残っています。

福岡城内の遺構

江戸時代、福岡城は黒田氏の居城でしたが、明治維新後は政府から接収され県庁として利用されたのち、陸軍の施設となりました。明治、大正、昭和を通して軍の施設であったため、福岡城内には複数の軍事遺構が残っています（右は昭和初期の絵葉書）。

陸軍境界杭

下ノ橋御門付近に残る陸軍の施設の境界を示す石柱。この近くには歩兵第二十四連隊の正門がありました。

歩兵第十二旅団司令部 福岡連隊区司令部の石柱

旧福岡地方裁判所西側の土塁にある石柱。旧裁判所の場所には旅団司令部がありました。

西部軍司令部のコンクリート壁

旧福岡地方裁判所裏の巨大なコンクリート壁。この場所には西部軍司令部の防空作戦室があり、さまざまな通信機器と主要な人物を爆撃から守るために作られました。

薬院西部軍マンホール
中央区今泉

薬院六つ角にある「M西軍」と書かれたマンホール。「M」は地図上での軍施設を表すマークで、「西軍」は西部軍を表すと考えられています。マンホールの意匠から電気系の設備に使われたものと推測されるそうです。

薬院の陸軍境界杭
中央区薬院

「南薬院」バス停の横に半分埋まった状態で残る陸軍境界杭。この場所には陸軍省福岡連隊区司令部がありました。敷地を囲むように十数本の境界杭が残っています。現在は県職員薬院寮になっています。

薬院にあった特攻隊員の収容施設「振武寮」

戦時中、薬院の九電記念体育館の場所には福岡高等女学校がありました。学校の敷地内には陸軍第六航空軍司令部が置かれ、一部の建物が軍によって使用されていました。その中に振武寮という宿舎があり、特攻に出撃したもののエンジントラブルなど何らかの理由によって任務を遂行できず帰還した特攻隊員たちが収容されていました。

死んで軍神となったはずの特攻隊員が生きているのは他の隊員の士気に影響を与えるという理由から、帰還した特攻隊員の存在はひた隠しにされました。

振武寮に収容された特攻隊員には指導の名の下、上官から「なぜ死ななかったのか」「国賊」などの罵声が連日、浴びせられたと言います。生き残った特攻隊員たちは振武寮で一定期間過ごした後、再び特攻への出撃命令が下され戦地へ飛び立っていきました。

小呂島の軍事施設跡
西区小呂島

福岡市中心部から沖合約40キロにある離島・小呂島。九州北部の防衛を目的として昭和初期にさまざまな軍事施設が造られ、戦時中には約300人の軍人が小呂島に駐留していました。現在でも海軍の望楼跡、弾薬庫跡、砲台跡が残されています。

［かつての乗り物］

福岡市内には
昔使われていたさまざまな
交通機関の車体や機体が、
公園や施設などに
保存車両として残されています。
交通機関の歴史とともに
電車や飛行機などの
保存車両を見てみましょう。

新幹線０系　　早良区・西油山

油山のさつき幼稚園にある０系新幹線の先頭車両。翌年の大阪万博開催にあわせて昭和44（1969）年に作られたこだま号で、その後は博多－小倉間を走りました。平成２（1990）年６月にさつき幼稚園が購入し、現在、園児の遊び場として活用されています。

西鉄電車
東区
香住ヶ丘

かしいかえんの園内には、かつて西鉄で使用されていた２台の電車車両が保存されています。１つは西鉄323形324で、昭和55（1980）年まで北方線で使用されていたものです。もう１台は北九州線の西鉄600形621。北九州線が平成12（2000）年に廃止されるまで走り、その後、競売にかけられ筑前山家駅構内に展示されていましたが、平成24年にかしいかえんに移設されました。

きゅうろく
SL.9600-49627
東区・貝塚交通公園

大正9（1920）年に製造された石炭輸送用の貨物機関車、約100年の歴史を持つ車両です。「きゅうろく」の愛称で親しまれ、昭和43（1968）年に廃車となっています。

ブルートレイン
ナハネフ22
貝塚交通公園

全国で2台しか保存されていない貴重な車両です。昭和40年代に博多－東京間の寝台特急「あさかぜ」として使われた後、門司港－西鹿児島間の寝台特急「かいもん」となり、その後廃車になりました。そのため、車両の表示は「かいもん」「門司港｜西鹿児島」となっています。客室内の見学もできます。

DH-114 ヘロン
貝塚交通公園

1950－60年代にガルーダ・インドネシア航空や富士航空などで使用された機体です。全国にいくつか同型機が展示されていましたが、ほとんどが解体され、現在は2機のみが残されています。「ヘロン」とは水鳥のサギのことです。

Ⅰ　物が語る先人たちの営み　33

[日本庭園で憩う]

福岡市内には商人や炭鉱経営者が造った日本庭園を持つ屋敷が複数あります。
都会の中で楽しめる日本庭園を巡ってみましょう。

友泉亭 城南区友泉亭

福岡藩主黒田家の別邸跡・友泉亭。宝暦4（1754）年、福岡藩の6代藩主・黒田継高の時代に造られ、公務の間の休息や狩りに行く時の宿泊場所として利用されました。現在では住宅地が建ち並ぶ場所にありますが、造られた当初は人里離れた場所で、お由羅（ゆら）騒動と言われる薩摩藩のお家騒動の際には、ここで薩摩藩から逃げてきた藩士の引き渡し交渉が行われています。
明治維新後は、小学校、役場、炭鉱王・貝島家別荘、寮などになり、昭和56（1981）年に庭園として開放されました。
現在ある建物はすべて昭和以降のもので、藩政時代から残っているのは、礎石、沓脱石（くつぬぎいし）、鬼瓦などだそうです。

貝島別荘 南区高宮

炭鉱で財をなした貝島家の別荘跡。現在は福岡市が管理していて中に入ることはできませんが、巨大な邸宅が残されており、庭園として公開する計画もあるそうです。

楽水園　　博多区住吉

博多商人・下澤善右衛門親正の別荘跡。旅館として利用された後、福岡市の管理となり、池泉回遊式（ちせんかいゆうしき）庭園として整備されました。現在は一般開放されています。キャナルシティ博多の近くにあり、外国人観光客にも人気のスポットです。

松風園　　中央区平尾

中洲にあった百貨店「玉屋」の経営者・田中丸氏の邸宅跡。京都の有名な数寄屋師・笛吹嘉一郎によって建てられた茶室「松風庵」や富士五湖を表現した庭園などが有名です。この家を建てた田中丸善八は陶磁のコレクターとしても有名で福岡市美術館に田中丸コレクションがあります。
ちなみに「松風庵」の文字は電力王と言われた松永安左エ門によるものだとか。彼は耳庵（じあん）の号を持つ茶人で、同じ市の美術館に松永コレクションがあります。

大濠公園日本庭園
中央区大濠公園

大濠公園の開設50周年を記念して昭和59（1984）年に造られた庭園。敷地面積は約1.2ヘクタールで県内では最大規模。その広さを活かして渓流も設けられています。

[動物園・水族館跡地]

福岡市は南公園に動物園、海の中道に水族館がありますが、かつては別の場所に存在していました。福岡市の動物園と水族館の跡地を巡ってみました。

東公園動物園　　　　　　　　東区馬出

東公園の動物園（福岡市記念動物園）は昭和8（1933）年に開園し、昭和19年に戦局悪化のため閉園となりました。現在、動物園跡は馬出小学校になりましたが、動物園の正門が現在でも残されています。また、オットセイ池にあった浮見堂は大濠公園の池に移設されています。

上：東公園にあったころの動物園の絵葉書　　（部分）
右：動物園が記された地図

玉屋屋上動物園
　　　　　博多区中洲

東公園の動物園が閉園した後、西日本新聞民生事業団が動物園の必要性を感じて、昭和24（1949）年に中洲の玉屋屋上に小動物園を造りました。「小動物園」とはいうものの、象や虎、ワニまでいた本格的なものだったようです。この玉屋屋上の動物園は、昭和28年に南公園に動物園が完成すると閉園となりました。

箱崎水族館　　東区箱崎

明治43(1910)年開館。現在のカトリック箱崎教会付近に広い敷地面積を持つ本格的な水族館でしたが、昭和10(1935)年に国道3号線の拡張に合わせて閉館となりました。しばらくして、昭和32年に筥崎宮参道の南側に福岡水族館が再びオープン。その後、昭和43年に閉館し、跡地はドライブインとなりました。

右上：初代の水族館
右下：昭和32年オープンの水族館
　　　（提供：西日本鉄道株式会社）
左上：水族館が記された地図
左下：福岡水族館の跡地

志賀島水族館　　東区志賀島

昭和26(1951)年オープンの志賀町営の水族館。志賀島保育園の向かい側にあり、現在は志賀島南公園となっています。魚のほか小動物も飼育され、志賀島の観光地として人気でしたが、昭和46年に閉館になりました。

Ⅰ　物が語る先人たちの営み

福岡市の郷土玩具

人々に古くから親しまれている郷土玩具。
福岡市にはどのような郷土玩具が伝わっているのでしょうか？
郷土玩具専門店「山響屋」店主の瀬川さんに聞いてみました。

Y氏■福岡市にはどんな郷土玩具があるんですか？
瀬川■玩具と言うよりは美術品に近いですが、代表的なものは博多人形です。でももっと大衆的な古博多人形というものもあるんですよ。
Y氏■「古」博多というぐらいなので、今の博多人形より前に始まったということですか？
瀬川■そうです。江戸時代ごろからの歴史がある人形で、現在の博多人形と同じように節句人形や雛人形などが作られているのですが、今の博多人形が美術品的なものであるのに比べて、古博多は親しみやすい郷土玩具のイメージです。
Y氏■確かにここにある人形の多くも愛嬌のあるかわいい雰囲気ですね。古博多ではほかにどういう人形が作られているんですか？
瀬川■ほかには笹野才蔵などがありますね。
Y氏■笹野才蔵ってどんな人なんですか？
瀬川■戦国武将なんですが、疱瘡（ほうそう）(天然痘)除けの人形として用いられていた人物です。笹野才蔵の人形は福岡にはとても多いんですよ。
Y氏■なるほど、それだけ流行病が多かったのでしょうね。
瀬川■あとは「博多だるま」などもあります。
Y氏■博多にもだるまがあったんですね？

瀬川信太郎さん
郷土玩具専門店「山響屋(やまびこや)」店主、
だるま絵師。
だるまに興味を持ったことをきっかけに郷土玩具を集め始め、
2015年に中央区今泉に山響屋を開店。
全日本ダルマ研究会、全日本郷土玩具の会会員。
お気に入りの郷土玩具は博多恵比須だるま。

瀬川■あまり地元でも知られていませんよね。もともと博多では姫だるまを大晦日に売り歩く風習があったのだそうですよ。

Y氏■そうなんですね、今ではあまり博多にだるまというイメージはありませんね。

瀬川■姫だるまは神功皇后がルーツにあると言われているので、神功皇后信仰が多い博多の地で浸透したんでしょうね。

あと、博多だるまは紙の張子でできているのですが、博多は商人の町で大福帳などの古紙がたくさん出たことも関係しているかもしれませんね。

Y氏■博多だるまはどこで買えるんですか？

瀬川■昔は博多の十日恵比須神社で正月大祭の露天でも販売されていたらしいのですが、今は基本的には福引で当たった時のみ手に入れることができます。

Y氏■放生会おはじきなども博多の郷土玩具として有名ですよね。

瀬川■そうですね、毎年個数限定で販売される人気の郷土玩具ですね。これも博多人形師が作っているんですよ。

Y氏■そうなんですね！ 博多人形師の人はいろんなものを作ってるんですね。毎年違った絵柄のものが販売されているんですよね？

瀬川■はい、毎年図柄が変わっています。2015年には「九州旅めぐり」がテーマだったのですが、クルーズトレ

インの「ななつ星」の図柄が含まれていたこともあって、鉄道マニアもおはじきを求めて筥崎宮に集まっていましたね。

Y氏■違ったテーマ性があると毎年楽しみでいいですね。

瀬川■あとは藤崎の猿田彦神社で庚申祭の時に販売される猿の面もありますね。

Y氏■この猿の面はどういう意味が込められているんですか？

瀬川■これは厄除けのために飾られるものです。「猿」ということで病や悪が「去る」という意味が込められています。玄関に飾ると泥棒除けにもなると言われているそうですよ。これも博多人形師が作っているんですが、昔は今宿の今宿人形師が作っていたそうです。今とは少し絵付けが違って、猿の毛並みが微妙に異なっていたそうですよ。

Y氏■そうなんですね、やっぱり制作者によっていろいろ個性があるんですね。瀬川さんもだるまの絵付けをされているんですよね？

瀬川■はい、結婚式や開店祝い、誕生日プレゼントなどにオーダーを受けてオリジナルのだるまを作ったりしています。

Y氏■郷土玩具って昔のものというイメージがありましたが、こうやって改めて見てみると、かわいかったりかっこよかったり、楽しいものですね。

瀬川■そうですね、郷土玩具の魅力をもっと知ってもらって、ずっと残っていけばいいなと思っています。

＊「放生会おはじき」は2017年は販売されませんでしたが、2018年からは「筥崎宮おはじき」として、放生会の期間限定ではなく、年に数回筥崎宮の社頭で販売されるようになりました。

Ⅰ　物が語る先人たちの営み　　41

Ⅱ この地を踏んだ人々の痕跡

　福岡はタモリ、高倉健、井上陽水など多くの芸能人・著名人を生んだ地として知られています。また時代を遡ると幕末や明治などにおいても、さまざまなジャンルで活躍する人物を数多く輩出しています。

　さらに、福岡は長い歴史を持つ場所でもあることから、古代から福岡の土地に関わりを持った人物を確認することができ、その足跡や逸話が街の至るところに残されています。

　この章では福岡にゆかりのある人や福岡を訪れた著名人にスポットを当て、路上遺産を巡ります。

修猷館高校 早良区西新

福岡藩の藩校として開校した修猷館（東学問稽古所）は、政治家・文化人などを多く排出しました。

下右：中央区城内にある広田弘毅像。広田は鍛冶町（現在の天神3丁目）出身の政治家

下左：中央区今川にある中野正剛先生碑。中野は西湊町（現在の荒戸1丁目）出身の政治家・ジャーナリスト

川上音二郎
対馬小路出身の講談師

野村望東尼
赤坂で生まれた女流歌人

長谷川町子
　　　早良区百道

長谷川町子が百道の海岸を散歩している時にサザエさんの構想が生み出されました。

Ⅱ　この地を踏んだ人々の痕跡

[神功皇后ゆかりの地]

神功皇后は第14代天皇・仲哀天皇の后で、三韓征伐を指揮したことで知られる人物です。地名の由来や神社の成り立ちなど福岡の歴史を調べると、かなりの確率で神功皇后へたどり着きます。特に東区には『日本書紀』などの歴史書に関連する場所が数多く存在しています。東区に残る神功皇后ゆかりの地を巡ってみましょう。

志賀島　　東区

志賀島の志賀海神社一の鳥居。志賀島という名前も神功皇后に由来しています。神功皇后が三韓征伐で新羅に向かう時、従者に火を持ってくるように命じました。その際、火を持ってきたのが近くにあった島であったことから、その島は「近島」と言われるようになり、徐々に変化して「志賀島」になったと言われます。また、志賀海神社社殿の西側の竹林は、皇后が地面にさした船の旗竿が成長して竹林になったものだと伝わっています。

帆柱石

東区名島

名島神社近くの海岸に柱のような形の大きな石があります。これは、神功皇后が三韓征伐の際に乗っていた船の帆の柱が石になったものだと伝えられています。

香椎宮・古宮趾　東区香椎

香椎宮にほど近い古宮趾は仲哀天皇と神功皇后が熊襲（くまそ。九州で強い力を持っていた一族）を討伐するために築いた本営の跡です。仲哀天皇は死後、この古宮趾に祀られました。その数百年後、香椎宮が建てられ神功皇后が祀られました。長い間、仲哀天皇と神功皇后は別々の場所に祀られている状態でしたが、大正4（1915）年に仲哀天皇も香椎宮に合祀され、現在は仲哀天皇と神功皇后が香椎宮の主神となっています。

香椎浜　東区香椎

香椎浜の海の中にある鳥居と祠は御島（みしま）神社と言われ、『日本書紀』にも登場します。
神功皇后は三韓征伐の際にこの場所で神事を執り行い、髪を洗い、男性の髪型にして士気を高めました。神功皇后が半分男になったということで、この海岸は片男佐（かたおさ）海岸という名で呼ばれ、片男佐橋という名の橋が今でも残っています。

鎧坂・兜塚　東区香椎

御島神社の場所で身を整えた神功皇后は、鎧（よろい）を身に着けました。そこは香椎駅の北側周辺で、鎧坂という名前が残っています。
また、兜（かぶと）をつけた場所には兜塚という石塚が建てられています。

Ⅱ　この地を踏んだ人々の痕跡　45

菅原道真が立ち寄った場所

薬院新川の容見橋　　中央区薬院

失意のうちに京からやってきた道真は、自分のやつれた顔を川の水面に映し、「自分が死ぬ場所はここなのだろう」と予見しました。そのため、顔を映した川の名は「死時有川（四十川＝しじゅうかわ）」と呼ばれるようになりました。これが現在の薬院新川にあたり、姿を見た場所には「容見橋（すがたみばし）」という橋が残されています。

昌泰4（901）年、菅原道真は藤原氏らとの政治闘争に敗れて京から大宰府へと左遷されました。博多に到着した道真は大宰府へと向かう道中、さまざまな場所に立ち寄っています。死後、神格化された道真は崇敬対象となり、道真ゆかりの地の多くは神域とされました。そして現在でも多くの神社で道真信仰が受け継がれています。福岡市内に残る道真ゆかりの地から、その足跡をたどってみましょう。

容見天神故地　　中央区今泉

かつて今泉には、道真が自分の顔を見たというエピソードにちなむ「容見天神」という神社がありました。江戸時代初期に天神に移され、現在は碑と手水鉢（ちょうずばち）のみが残されています。

水鏡天満宮　　　中央区天神

江戸時代初期、福岡城の築城の際に容見天神は福岡城の鬼門封じとして現在地に移され、水鏡天満宮となりました。水鏡天満宮は道真、つまり天神様を祀る神社であることから、この周辺は天神という地名になりました。

綱敷天満宮　　　博多区綱場町

綱敷天満宮は菅原道真が博多に上陸した時に住民たちが出迎えたと場所だと言われています。船の綱を輪っかにして敷物としてもてなしたため、「綱敷」天満宮となりました。

菅原神社　　　中央区警固

海から遠く離れた場所にあるのでなかなか想像できませんが、ここはかつての海岸線だと言われています。道真が大宰府へと向かう道中、船で立ち寄り休憩した場所だと伝えられています。

平尾天満宮　　　中央区平尾

平尾天満宮は、道真が見知らぬ町である博多を知るために、高いところから眺めようと立ち寄った場所だと言われています。石に腰掛けて町を眺めたそうで、神社内にはその石のレプリカが展示されています。

Ⅱ　この地を踏んだ人々の痕跡

［博多の豪商の栄華を偲ぶ］

朝鮮や中国との貿易の拠点として古くから栄えた博多の町。
貿易によって利益を得た豪商たちは、
やがて時の権力者とも大きな繋がりを持つようになっていきます。
博多商人として有名な3人の豪商の功績を見てみます。

櫛田神社境内の「博多べい」

島井宗室　　博多区中呉服町

神屋宗湛、大賀宗九とともに博多の三傑と言われた豪商。代々、金融業や海外貿易などを行い、富を蓄えました。宗室の屋敷は現在の中呉服町にあったと言われ、屋敷跡にあった「博多べい」と呼ばれる独特のデザインの塀が櫛田神社境内に移設され残っています。

嶋井宗室像（提供：東京大学史料編纂所）

神屋宗湛　　博多区奈良屋町

貿易や銀山開発などで富を得た神屋氏。豊臣秀吉との関わりが深く、戦や町の開発を背後からサポートしました。茶の湯にも精通しており、宗湛が記した茶会記『宗湛日記』は当時の茶会を知る資料として重要なものです。宗湛の屋敷跡は現在、豊臣秀吉を祀る豊国神社（51ページ）となっています。

神屋宗湛像（提供：東京大学史料編纂所）

大賀宗九
博多区呉服町

福岡藩の御用商人として海外貿易などを行った人物。大賀家は江戸時代を通して博多商人のトップに立つ家柄で、商人の町であった博多を管理する役割も与えられていました。ちなみに大賀家の屋敷は現在の呉服町ビジネスセンタービルの場所にあり（写真右）、明治維新後は敷地跡に上呉服尋常小学校が造られました。

大賀宗九居士神儀肖像：福岡市博物館所蔵（提供：福岡市博物館 / DNPartcom）

伊藤小左衛門

江戸初期の商人・伊藤小左衛門は鉄や伊万里焼などの貿易で財を成した人物です。

ある時、武器の密貿易をしていたことが発覚し、小左衛門は囚われの身となってしまいます。一族は博多柳町浜の刑場で処刑され、その中には幼い子供も含まれていました。

後に、一族を弔う祠が造られた際、罪人として処刑された小左衛門を祀るのははばかられるとのことで、小左衛門の三男・小四郎と四男・萬之助の名前をあわせた名で祀られ「萬四郎神社」となりました。現在、萬四郎神社は博多の商人に商売繁盛の神様として親しまれています（博多区下呉服町）。

[豊臣秀吉の足あと]

戦国時代、博多の町は度重なる戦いによって荒廃していました。そんな戦いに終止符を打ったのが、豊臣秀吉による九州平定でした。秀吉は諸大名を見事降伏させて、荒廃した博多の町の復興に取り掛かりました。

名島城　東区名島

秀吉は九州平定後、博多の町の復興を行うべく名島城に拠点を置きました。ここは小早川隆景の居城でした。戦火によって荒廃した博多の町を船から眺め、さまざまな指示を出しました。その後、朝鮮半島への勢力拡大を考えた秀吉は、妻である淀殿とともに再びここを訪れ、名島城に宿泊後、佐賀に新しく築いた名護屋城へ向かったと言われています。その指示のために博多を訪れた秀吉は各地で多くの足あとを残しています。

妙見島　東区名島　名島城の近くに昭和初期まであった島で、現在は埋め立てによって陸続きになっています。小早川隆景はこの島に秀吉を招待して茶会を開催したと言われ、秀吉が使ったと言われる井戸跡が残っています。

太閤道　　　城南区別府

秀吉の朝鮮半島進出の拠点となったのは佐賀の名護屋城です。そこへ向かう際に通った道は「太閤道」と呼ばれています。当時は田畑の広がる場所であったため、武士の行列が荒らさないように田畑を避けて道が整備されたのだそうです。

利休釜掛の松　　　東区馬出

千利休と秀吉は度々茶会を開催したようで、九州大学医学部のキャンパス内には、利休が湯を沸かすために釜を掛けたと言われる松が残されています。ここでは黒田官兵衛の叔父である小寺休夢と歌会を開催したとも言われています。

恵光院燈籠堂　　　東区馬出

恵光院内にある堂。この建物はもともと筥崎宮の中（参道脇）にあり、千利休が秀吉と博多の豪商・島井宗室、神屋宗堪を招き茶会を開催しています。

豊国神社（神屋宗湛屋敷跡）
　　　博多区奈良屋町

豊国神社は秀吉を祀る神社ですが、もともとは博多の豪商・神屋宗湛の屋敷があった場所です。秀吉の九州平定には宗湛の資金援助が大きく貢献したため、その恩として屋敷が与えられました。明治19(1886)年に博多復興300年記念として秀吉を祀る神社となりました。

Ⅱ　この地を踏んだ人々の痕跡　　51

［福岡の礎を築いた黒田官兵衛］

福岡藩の藩祖である黒田官兵衛は
福岡にやってきた時には
すでに息子の黒田長政に家督を譲って
隠居の身となっていました。
そのため、
表立った活動はしていなかったようですが、
福岡市内の各地に足跡を残しています。

福岡城　　中央区城内

官兵衛は福岡城完成までの間は太宰府で過ごし、城が完成してからは「御鷹屋敷」と言われる質素な屋敷を建てて隠居生活を送ったと言われています。御鷹屋敷は現在、舞鶴公園の牡丹芍薬園となっています。

博多町割　　博多区

豊臣秀吉は、戦国時代に度々戦火に見舞われ荒廃していた博多の復興を、黒田官兵衛や石田三成らに担当させました。その際、町並みを碁盤の目状に整備したのは官兵衛のアイデアによるものと言われています。

写真：「福岡城下町・博多・近隣古図」九州大学附属図書館蔵

崇福寺　　　　東区馬出

崇福寺は黒田家の菩提寺で、歴代藩主の墓所でもあります。崇福寺の山門は福岡城の本丸表御門を大正7 (1918) 年に移設したもので、以前の屋根瓦には十字架のマークが刻まれていました。これは官兵衛がキリシタン大名であったことが関係していると言われています。

圓應寺　　　　中央区大手門

円應寺（えんのうじ）は官兵衛の正室・照福院（光姫・てるひめ）が建立した寺です。境内には光姫の墓碑もあり、戦前までは墓石の中に光姫の遺髪が納められていましたが、福岡大空襲の際に焼失しています。

光雲神社　　　　中央区西公園

光雲（てるも）神社がある場所は江戸時代には徳川家康を祀る東照宮が建てられていましたが、明治維新後に官兵衛と長政を祀る光雲神社となりました。

光雲神社という名前は官兵衛の法名である「龍光院殿」から「光」の文字を、長政の法名である「興雲院殿」から「雲」の文字を取って名付けられました。

黒田家ゆかりの地

江戸時代を通して福岡藩を統治した黒田家。
福岡市内には歴代藩主とその周辺の人々の逸話がたくさん残されています。

黒田家茶屋（別邸）跡
中央区鳥飼団地

現在の鳥飼団地は鎌倉時代ぐらいまで鳥飼八幡宮が鎮座していた場所です。鳥飼八幡宮は広大な敷地を持ち隆盛を極めましたが、南北朝から戦国時代にかけて戦火に巻き込まれ荒廃していました。江戸時代になり黒田氏が福岡にやって来た際、荒廃した鳥飼八幡宮を復興させるべく、現在地に鳥飼八幡宮を移しました。そして旧鳥飼八幡宮の場所、つまり現在の鳥飼団地の場所に黒田家の茶会を催すための別邸が造られ、その場所は「茶屋内（ちゃやのうち）」と呼ばれるようになりました。

3代藩主・黒田光之の胎盤
西区橋本

橋本八幡宮の末社である小さな稲荷神社には幅50センチほどの岩があり、その下には福岡藩3代藩主・黒田光之が誕生した時の胎盤が納められていると言われています。

かつてこのあたりに福岡藩の別邸がありました。2代藩主・忠之が橋本の地で出会った娘（養照院）を側室として迎え、のちに3代藩主となる光之が別邸で誕生しました。側室として迎えたのであれば城の近くに行くのが普通なのですが、一説によると忠之と養照院はあまり仲がよくなかったため近くには住まず、光之も橋本の別邸で誕生し、幼少期を過ごしたと言われています。

黒田藩御用窯跡
早良区西新(上)・高取(下)

西新にある浦賀神社付近は江戸時代、黒田藩の焼物を作る御用窯跡があった場所です。もとは直方にある鷹取山で、黒田長政が朝鮮出兵の際に連れてきた陶工・八山に焼かせた焼物がルーツです。黒田藩の御用窯として繁栄し、現在の朝倉郡でも作られるようになりました。

その後 輝国付近に移転、1700年代には現在の西新の「東皿山」と高取の「西皿山」に分けられました。東皿山では幕府や諸侯に贈るための茶碗や置物を専門に作り、西皿山では庶民用の皿を作っていたと言われています。西新の東皿山は残っていませんが、高取の西皿山は高取焼味楽窯として、現在も焼物が作られています。

少林寺の黒田綱之の墓
中央区天神

少林寺に墓がある黒田綱之は、福岡藩3代藩主・黒田光之の長男で、本来であれば4代目の藩主になるはずの人物でした。しかし、突如、父・光之から廃嫡されてしまい、剃髪のうえ謹慎を命じられました。綱之が廃嫡されたはっきりとした原因は不明だそうですが、一説によると綱之の酒癖と素行の悪さが原因だとも言われています。

綱之は死に際に、自分の墓に真心を込めて祈るなら願いを叶えてやると言ったそうで、そのことを知った人々はこぞって綱之の墓を参拝したそうです。また、綱之の墓石を飲むとご利益があるとされたことから、皆が墓石を削って持って帰ったため、もともとの墓石の1/4の大きさになっているそうです(墓石は一般には非公開)。

ちなみに綱之が謹慎を命じられた場所は、謹慎した館があったということから「屋形原」という地名となり、館の近くには花がたくさん植えられ、その場所は現在「花畑」という地名になっています。

Ⅱ この地を踏んだ人々の痕跡

黒田武士の気概・母里太兵衛

母里太兵衛（友信）は黒田二十四騎の一人で、
黒田官兵衛に仕えた
黒田家の家臣団の重鎮です。
福島正則からすすめられた
大杯に入った酒を見事に飲み干し、
福島正則が豊臣秀吉から授かった
大槍「日本号」をもらったという逸話があり、
「黒田節」の題材になった人物としても有名です。
市内にある母里太兵衛ゆかりの地を
巡ってみましょう。

母里太兵衛長屋門
中央区城内

舞鶴公園にある母里太兵衛長屋門は、もともと天神2丁目の野村證券福岡支店の場所にありました。江戸時代初期、母里家の屋敷は福岡城三の丸にありましたが、子孫の代になって天神に移っています。その天神の屋敷にあった門が、現在は舞鶴公園に移築されています。

母里太兵衛天神屋敷
中央区天神

母里家の天神屋敷跡は現在は巨大なオフィスビルになっています。ビルの玄関前には母里家の屋敷があったことを記した碑が建てられ、庭にあったと言われる手水鉢（ちょうずばち）が残されています。

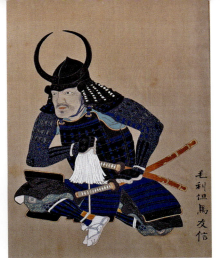

母里友信像

福岡市博物館所蔵　画像提供：福岡市博物館／DNPartcom

母里太兵衛銅像（光雲神社）
中央区西公園

光雲（てるも）神社境内にある母里太兵衛像。母里家の子孫によって奉納された銅像です。光雲神社は黒田官兵衛と黒田長政を祀る神社で、2人を守るような姿で立っています。

母里太兵衛銅像（博多駅）　博多駅中央街

福岡の玄関口である博多駅前の母里太兵衛像。大槍の「日本号」と大盃を手にした姿は、まさに「黒田節」。福岡の象徴とも言える銅像です。福岡博多ライオンズクラブ創立5周年記念として作られました。

Ⅱ　この地を踏んだ人々の痕跡　　57

［幕末の志士たち］

福岡藩は徳川家から養子を迎えるなど
幕府との繋がりが強く、
倒幕運動に積極的ではありませんでした。
そのため、
長州（山口県）や薩摩（鹿児島県）に比べて
維新に関する逸話を聞くことが
あまりありません。
しかし、
実際には幕末期に倒幕運動を行っていた
福岡藩士は多数存在しており、
歴史的に重要な役割を果たしています。

加藤司書公屋敷跡　中央区桜坂

加藤司書の銅像　中央区西公園

福岡藩の家老・加藤司書。ロシア艦隊が長崎に来航した際には対応にあたり、持ち前の交渉力で引き揚げさせたり、幕府の長州征討を取りやめさせたりするなど、多くの実績を残しています。西郷隆盛や高杉晋作などの勤皇派の志士とも交流を持ち、薩長同盟にも尽力したと言われています。

しかし、福岡藩の佐幕派勢力から粛清にあい、家老職を解かれた上、切腹を命じられ、博多の天福寺（現在は城南区南片江）で没しました。桜坂の下屋敷跡には「加藤司書公屋敷跡」の碑が建てられています。また西公園には銅像がありましたが、現在は台座のみが残されています。

月形洗蔵居宅跡　中央区赤坂

月形洗蔵は福岡藩主に尊皇の意見を述べるなど積極的な尊皇攘夷運動を行った人物です。坂本龍馬が成し遂げた偉業の1つに薩長同盟がありますが、その原案を作ったのが月形洗蔵だと言われています。しかし、加藤司書同様、捕らえられ処刑されています。赤坂の屋敷跡には「月形洗蔵居宅跡」の碑が建てられています。墓所は天神の「少林寺」にあります。

野村望東尼草庵　　中央区平尾

大隈言道の門下で、才色兼備な福岡の女流歌人として知られた人物ですが、京都へ行った際に日本のさまざまな動乱を知って尊皇攘夷思想に目覚め、倒幕運動を行う志士たちをサポートしました。望東尼(ぼうとうに)が暮らしていた平尾山荘は志士たちの密会の場として使われ、長州藩の高杉晋作も訪れています。平野国臣や月形洗蔵らも庇護しました。

現在、望東尼の草庵が再建されています(写真右)。

平野次郎国臣像　　中央区西公園
平野神社　　　　　中央区今川

現在の中央区今川に生まれた平野国臣は、西郷隆盛ら勤皇の志士と交流を持っていた人物です。西郷が入水自殺を図った時に救い出すなど、歴史的に重要な事件に多く携わっています。しかし、倒幕を画策していたことが明らかとなり、京都で処刑されました。明治になってからその偉業が讃えられ、平野国臣を祀る平野神社が今川に、銅像が西公園に建てられています。

Ⅱ　この地を踏んだ人々の痕跡

[福岡出身の政治家の生家跡]

福岡市は政界で活躍する著名人が数多くの生まれた場所でもあります。
生家跡・旧宅を巡ってみましょう。

頭山満
早良区西新

政治団体玄洋社の創始者である頭山満（とうやま・みつる。1855－1944年）は現在の西新2丁目に生まれました。貧しい幼少期を過ごしましたが、政治運動を通して力をつけ、政界に大きな影響力を持つまでになりました。また、蒋介石や孫文などアジア各地の独立運動家への援助も行った人物です。
生家跡は西新緑地になっており、頭山が植えたクスノキが現在でも残っています。

広田弘毅　　中央区天神

第32代内閣総理大臣を務めた広田弘毅（1878－1948年）は、現在の天神3丁目で石材店の息子として生まれました。中学修猷館では柔道に打ち込み、東京帝国大学に進学してからは政治学を学びました。卒業後、外務省に入省。昭和11（1936）年に内閣総理大臣に就任しましたが、戦後の極東裁判にてA級戦犯として裁かれました。

中野正剛　　　　中央区荒戸

中野正剛（1886－1943年）は現在の荒戸1丁目に生まれ、中学修猷館を卒業後、早稲田大学に進み、東京日日新聞などでジャーナリストとして活躍しました。その後、大正9（1920）年に政界へと進出、以来、8回当選しました。しかし、首相の東條英機に反発したことから疑いをかけられて逮捕されました。保釈後、割腹自決し亡くなりますが、その理由はいまだに謎とされています。

緒方竹虎　　　　中央区赤坂

ジャーナリストであり政治の世界でも活躍した緒方竹虎（1888－1956年）は、山形県に生まれ4歳の時に現在の赤坂1丁目に移り住みました。中学修猷館に通い、剣道の腕も優れていたといいます。早稲田大学卒業後、朝日新聞に勤務したのち、昭和27（1952）年に中野正剛の地盤を継いで政界に入り、第4次、第5次吉田内閣では副総理を務めました。鳩山一郎首相の後継と見られていましたが、病気で急死しました。

中山記念碑

孫文（1866－1925年）は福岡との関わりが深く、玄洋社からは資金援助を受けるなどしています。玄洋社の社員であった実業家の安川敬一郎とは特に親密であったと言われます。孫文が大正2（1913）年に来日した際には、福岡のさまざまな場所を訪れ、九州大学で講演も行っています。南公園にある中山記念碑は、昭和40（1965）年に孫文の生誕100周年を記念して福岡に住む華僑の人たちによって建立されました。

Ⅱ　この地を踏んだ人々の痕跡

[マリリン・モンローのハネムーン]

マリリン・モンローは昭和29（1954）年2月の約1カ月間、新婚旅行で日本を訪れており、2月8－10日の間、福岡にも滞在しています。福岡滞在は3日間と短いものでしたが、福岡の昭和史を見ていると、必ずと言っていいほど書かれている大きな関心事だったようです。福岡でのマリリン・モンローの足跡を紹介します。

板付空港（現・福岡空港）
博多区下臼井

2月8日午後7時30分、マリリン・モンローと夫で野球選手のジョー・ディマジオは板付空港に到着しました。マリリン・モンローは黒いセットアップに黒いベレー帽をかぶっていました。歓迎を受けた2人は、そのまま中洲の国際ホテルへと向かいます。

国際ホテル（現・アクア博多）
博多区中洲

2人が泊まった国際ホテルは現在のアクア博多の場所にありました。当日、ホテルの周囲には500人ものファンが訪れていたそうです。マリリン・モンローは窓からカーネーションを投げるというファンサービスを行いました。

62

ロイヤル中洲本店
博多区中洲

2人は中洲大洋映画劇場横の大洋ビルの1階と2階にあったロイヤル中洲本店に、お忍びで訪れています。ロイヤル中洲本店はロイヤルホストの前身となった店舗です。マリリン・モンローはロイヤルのオニオングラタンスープを気に入ったようで、3日間連続で通ったそうです。その際に使われた机が、大濠公園のレストラン花の木に現在も保管されています。

上：ロイヤル中洲本店で（提供：西日本新聞社）
右：現在の様子

西戸崎米軍キャンプ
東区西戸崎

夫のジョー・ディマジオは福岡滞在中は野球指導のために香椎球場に行っており、マリリン・モンローは西戸崎にあった米軍キャンプへ1人で慰問に訪れています。マリリン・モンローは1人で海の中道のドライブを楽しんだという記録も残っています（写真は西戸崎に残る米軍ハウス跡）。

Ⅱ　この地を踏んだ人々の痕跡

［アインシュタインがやってきた］

1921（大正10）年にノーベル賞を受賞したアインシュタインは、雑誌「改造」の企画で日本に招待され、翌年11月17日－12月29日までの43日間滞在しました。全国7カ所で相対性理論の講義を行いましたが、のべ1万4000人もの聴衆を動員し、大盛況だったそうです。

大博劇場
博多区上呉服町

大博劇場は当時、九州で最大の劇場であったことからアインシュタインの公演場所として選ばれました。相対性理論の講義は通訳を介したもので、時間は4、5時間ほどの難解なものだったそうです。大博劇場は取り壊され、現在はマンションになっています。

栄屋旅館
中央区天神

アインシュタインの「和風の旅館に泊まってみたい」という希望によって、天神の栄屋に宿が準備されました。彼はその旅館で筆を使ってサインを書いており、栄屋旅館の息子が修猷館に通っていた縁で、サインをかたどった紀念碑が修猷館校内に建てられました。碑に使われていた石板は、現在は修猷資料館に保管されています。

（提供：修猷資料館）

九州大学 東区箱崎

アインシュタインは大博劇場での講義の翌日、九州大学での歓迎会にも出席しています。その際に理科教室前で撮影された写真が残されています。
(提供：九州大学大学文書館)

三宅速教授宅 中央区大名

アインシュタインは福岡訪問の際に、現在の赤坂交差点のスターバックス付近にあった三宅速(はやり)教授の自宅も訪れています。

博多が訪問先として選ばれた理由は、九州帝国大学の三宅教授を訪問するためだったとも言われています。アインシュタインが船に乗った際に体調をくずし、偶然いあわせた三宅教授が応急処置をほどこしたことがきっかけで、親交を持つようになったのだそうです。

ちなみに三宅速教授は明治44(1911)年に創設された九州帝国大学初代外科部長で、世界的な胆石症の研究者です。

Ⅱ この地を踏んだ人々の痕跡　65

[文人ゆかりの地]

福岡は著名な作家を多く輩出した場所です。そのため、市内各所には作家ゆかりの場所や碑などがたくさんあります。福岡の文豪・詩人・俳人たちゆかりの地を訪ねてみましょう。

原田種夫
博多区中洲

よく知られているのが、中洲にある原田種夫の詩碑。小説家で詩人の原田種夫は生涯を春吉で過ごし、郷土にまつわる多くの作品を発表しました。また、数多くの著名な文人を輩出したことで知られる文芸雑誌「九州文学（第2期）」の発刊者でもあります。

西大橋のたもとには「人間」と題された原田種夫の詩碑が建てられていますが、ここはかつて原田種夫や火野葦平らが通ったカフェ「ブラジレイロ」があった場所です。現在、ブラジレイロは店屋町に移転していますが、移転後も多くの文人が訪れる文化サロンになっていたそうです。

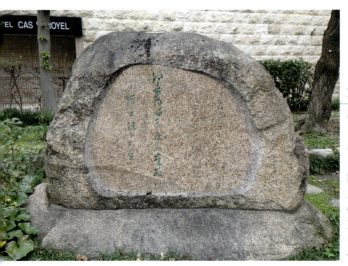

大隈言道　　中央区今泉

幕末の歌人である大隈言道（ことみち）。今泉公園周辺にあった「ささのや」と言われる屋敷で数多くの作品を残し、門下生の育成も行いました。弟子の一人に女流歌人で幕末の志士をサポートした野村望東尼もいました。今泉公園には大隈言道の歌を記した碑が作られています。

66

吉岡禅寺洞　　中央区今泉

明治22（1889）年箱崎に生まれ、今泉に移住後、俳句専門誌「ホトトギス」に投稿を続けて徐々に名を上げました。また、自由律俳句（五七五の定形も季語もない俳句）を提唱し、俳句雑誌「天の川」を創刊しました。
禅寺洞（ぜんじどう）の口語の自由律俳句は大変親しみやすく、今泉の吉岡禅寺洞の句碑には「こがねむしが眠っている雲たちはパントマイム」という作品が刻まれています。

北原白秋　　博多区中洲

さまざまな詩や童謡を作ったことで有名な北原白秋は、明治40（1907）年に与謝野鉄幹、吉井勇、木下杢太郎、平野万里とともに九州を旅し、その旅行記を「五足の靴」として発表しています。その際、中洲の川丈旅館に宿泊し、作品中にもそのことが記されています。旅館の前には「五足の靴文学碑」が建てられています。

夢野久作　　博多区中洲

「ドグラ・マグラ」などの作品で知られる福岡市出身の夢野久作。好物はすき焼きで、毎週のように食べていたそうです。
「山羊髯編集長」という作品には中洲にある大阪屋のすき焼きが登場します。その鍋を再現した「久作鍋」は現在でも同店の人気メニューになっています。

Ⅱ　この地を踏んだ人々の痕跡

母里家のその後

筑前福岡黒田武士顕彰会の会長や柳生新影流兵法「荒津会」の会長も務める
母里氏の末裔である母里忠一さん。
江戸時代黒田家の家臣として活躍した母里家の
"その後"にスポットを当てて話を伺ってみました。

Y氏■まず、お名前なのですが「もり」さんと「ぼり」さんのどちらが正式な読み方なんですか？

母里■これは「ぼり」が正しい読み方です。世間一般では「もりたへえ」と呼ばれていますが、これは一時期「母里」が「毛利」になっていたことが影響しているんです。

Y氏■へぇ～！ そうなんですね！「毛利」の読みが「母里」に当てはめられて「もり」と言われるようになったんですね。しかしなぜ「毛利」と名乗っていた時期があるんですか？

母里■母里家は建築関係に優れた家だったんですね。ある時、江戸城天守閣の石垣の修復を担当したのですが、その時に贈られた感謝状の記載が「母里」ではなく「毛利」と誤って記されていたんです。今だったら役所に行って訂正してくださいと言えますが、当時は天下人からもらったものだから修正するわけにもいかず「毛利」と名前を変えたんです。

Y氏■なるほど、感謝状を訂正するのではなく、名前の方を変えちゃったんですね！

母里■そう、だから実は母里家は江戸時代はずっと「毛利」の名を名乗っているんですよ。「母里」に戻ったのは明治維新後のことです。

「福岡城下町・博多・近隣古図」九州大学附属図書館蔵

母里忠一さん
母里氏の末裔。
筑前福岡黒田武士顕彰会の会長や
柳生新影流兵法「荒津会」の会長も務める。

Y氏■確かに母里家の屋敷を古地図で確認してみると「毛利」になっていますね！

母里■まあ「母里」も「毛利」もあまり変わらん、ということだったのでしょうね（笑）。

Y氏■基本的な質問なのですが、母里太兵衛というのは福岡藩の中でどういう立場の人だったのですか？　かなり偉い人ですよね？

母里■黒田八虎という福岡藩の精鋭八人の中に入っていた人物です。勇猛果敢な武将で、しかも城持ちで禄高が1万8000石だったので、福岡藩ではナンバースリーぐらいの人物と言っていいでしょうね。

Y氏■そんなナンバースリーぐらいの家柄だった母里家は、明治維新後どうなったんですか？

母里■福岡藩は最後の最後まで徳川家に忠誠を誓ったことからも分かるように、維新に対応するのがとても遅かったんですね。明治になってからも「武士のほうが偉い」という江戸時代の感覚が捨てきれないので、武士の商いをやっても全然うまくいかないわけなんです。

Y氏■確かに商売をやるには偉そうにしていてはダメですよね。

母里■元武士というプライドがあるから、お客さんを「無礼者!!」なんて怒鳴りつけたりしてしまうんですね。身分が高かった人ほど何をやってもうまくいかず、没落していったんです。

　ところが母里家は土木工事をしたり治水工事をしたりと、お城造りの名人です。つまり普請奉行だったんですね。このことが幸いして明治維新後、母里家は左官業で代々続いていくんです。

Y氏■大槍「日本号」は母里家に受け継がれていったのですか？

母里■今は福岡市博物館の所蔵品になっています。

Y氏■どうして母里家は手放したんですか？

母里■実は明治後しばらくは母里家にあったんですよ。でも明治の混沌とした時代に10代目の母里友諒の甥の浦上某が外に持ちだしたんです。

Y氏■もしかして売ってしまったんですか。

母里■そう、売ってしまったんです。借金のカタに質に出したんです。

　その後もいろんな人のところを点々とするんですが、最終的に実業家の安川敬一郎が買い取ったんです。でもこれは黒田家にあるべきだということで、安川さんは大正時代に黒田家に献上したんですね。その後、黒田家から福岡市に寄贈されて現在に至っているんで

Ⅱ　この地を踏んだ人々の痕跡　　69

す。
Y氏■母里家には何かゆかりの品は残っていないんですか？
母里■ありますよ、例えば刀とか槍とかがいくつかね。太平洋戦争の前まではもっとたくさんあったんですよ。
Y氏■それは金属供出で取られてしまったんですか？
母里■いや、これは戦争に出兵する時に親が息子に持たせてやっているんです。良い刀から順に戦地に持って行ってるんですね。今残っているのは、短刀とか脇差しとかの短いものばかりです。
Y氏■戦地に持って行かれた刀は、その後どうなってしまったか分からないんですか？
母里■うん、もう全部戦地で米軍に接収されてるんです。その後は行方知れずです。
　でもお酒を飲む作法は今でも母里家に伝わっていますよ。
Y氏■どういう作法なんですか？
母里■母里太兵衛の命日の６月６日に、墓所にお参りに行ってから親戚で集まって赤い大盃でお酒を飲むんです。盃を順番に回していくんですが、飲み方のコツがあるんです。普通の盃だったら縁に口をつけて飲めばいい

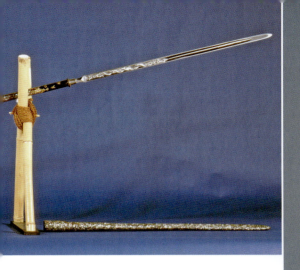

ですが、5合もある大盃だと、普通に飲もうとすると横からザ〜っとこぼれてしまいます。なので水面に直接口をつけて吸うようにして飲み込むんです。
　「黒田節」のもとになった歌では「飲め飲め酒を　飲み込みて　日の本一のその槍　取りこすほどに飲むならば　これぞまことの黒田武士」と歌われていたんです。「飲み込みて」とは、こぼれないように吸うようにして飲むことを意味しているんです。
Y氏■へぇ〜！　ちゃんと意味があるんですね〜！
母里■今でも代々こういうことをやっているんですよ。ご先祖様の話をしながらお酒を飲む、これが母里家流の供養ですね。最近はあまり飲めなくなってきたので、少しだけ飲んで次に回しますけどね（笑）。

上・右：大身鎗・名物「日本号」
長さは約80センチ。穂に浮き彫りされているのは不動明王（ふどうみょうおう）の化身である倶利伽羅竜（くりからりゅう）。柄は青貝螺鈿（あおがいらでん）で埋め尽くされている。
福岡市博物館所蔵／撮影：藤本健八
画像提供：福岡市博物館／DNPartcom

III 土地に残る人々の思い

博多祇園山笠は承天寺の開祖である聖一国師（円爾）が疫病を退散するために博多の町を祈禱して回ったことが起源とされています。この疫病退散の願いは祭りという形で受け継がれ、今でも毎年多くの人が集まるイベントになっています。

人々の願いや思いが詰まった風習や風俗は人々の長い営みの中で生まれ、あらゆる形で現在に伝えられています。

この章ではかつての人々の営みや思いが残る場所、そしてそのルーツをたどります。

飢人地蔵
中央区笹丘

笹丘1丁目の筑肥新道沿いにある地蔵尊は、享保の飢饉によって亡くなった人を弔うために建立されたものです。
享保17(1732)年に発生した飢饉では、特に九州・中国・四国での被害が甚大でした。冷夏とそれによる害虫の大量発生が原因と言われていて、福岡では人口の約3分の1の人が犠牲となったとされています。
享保の大飢饉の犠牲者を供養する地蔵は、ここ以外にも市内にたくさんあり、被害の大きさを物語ります。

ひばり観音
城南区東油山

東油山にある正覚寺には美空ひばりの観音像を祀る「雲雀堂（ひばりどう）」があります。
福岡市の彫刻家・松尾宇田氏が平成元(1989)年に亡くなった美空ひばりの歌声に感動して制作し、正覚寺に奉納しました。その像を基にして富山県高岡市の原型師によって現在の青銅製の観音像が作られ、その後、観音堂も建立されました。

Ⅲ 土地に残る人々の思い

[1300年前の人が見た福岡]

『万葉集』は
7世紀後半から8世紀後半に編纂された和歌集で、
福岡のいろいろな場所が題材として登場します。
題材になった場所には
歌を刻んだ「万葉歌碑」が作られ、
昔の人がどういったことを感じたかを
後世に伝えています。
また、歌の内容をひもとくと、
その土地がかつてどういった場所だったかを
知るヒントになります。
万葉歌碑に刻まれた歌から、
福岡の土地の記憶を探ってみましょう。

舞鶴公園　　　　中央区城内

　今よりは　秋づきぬらし　あしひきの
　　山松かげに　ひぐらし鳴きぬ
平和台陸上競技場の東側にある万葉歌碑です。新羅（しらぎ。朝鮮半島）へ渡る遣新羅使が鴻臚館で歌ったもので、秋には帰る予定だったのに、もう秋になろうとしている今もまだ出発できず鴻臚館にいる、という内容です。
古くから鴻臚館は中呉服町周辺にあると考えられていましたが、考古学者の中山平次郎は、この歌の「ひぐらし鳴きぬ」や、その他の鴻臚館で作られた歌の中に、志賀島が見えること、波の音が聞こえることが詠まれているのをヒントに、その場所が福岡城址であると考え、みごと特定させました。

草香江　　　　中央区六本松

　草香江の　入江にあさる　あしたづの
　　あなたづたづし　友なしにして
草香江公民館の敷地内にある「草香江の歌碑」。奈良時代の歌人・大伴旅人が鴻臚館に立ち寄った際の作品です。相次ぐ家族の死で悲しむ自分の境遇を、海の入江であった草香江で寂しく餌を食べる鶴と重ね合わせて歌ったものと言われています。

香椎宮頓宮　　　　東区香椎

　いざ子ども　香椎の潟に　白妙の
　　袖さえぬれて　朝菜摘みてむ
など
　三条実美の筆によるもので、明治21（1888）年に作られた福岡県内で最も古い万葉歌碑。『万葉集』には香椎潟を詠んだものがいくつかあり、当時まだ香椎宮に近かった海岸を印象深く見たことがよく分かります。

志賀島
東区志賀島

　ちはやぶる　鐘の岬を　過ぎぬとも　われは忘れじ　志賀の皇神（すめがみ）
など
　古い歴史を持つ志賀島は、『万葉集』の中でも度々題材として扱われ、島内には複数の万葉歌碑が作られています。この歌は波の荒い鐘の岬（現在の宗方市鐘崎）を通り過ぎても志賀の神を忘れないという意味です。現在の志賀海神社が航海の神として古くから信仰されていたことを示す歌です。

Ⅲ　土地に残る人々の思い　　75

［キリシタンゆかりの地を訪ねる］

福岡には
あまりキリシタンというイメージはありませんが、
福岡藩の藩祖である
黒田官兵衛がキリシタン大名であったり、
キリシタンの居住地が作られていたりと、
意外と多くのキリシタンにまつわる歴史が
残されています。
市内のキリシタンにゆかりのある場所を
巡ってみましょう。

白毫寺　　　　　西区姪の浜

かつて姪浜にはキリシタンの村があったと言われ、姪の浜3丁目の白毫寺（びゃくごうじ）の竹林からは十字架も出土しています。「白毫」とは仏様の額にある、あの"点"のことなんだとか。ほくろのように見えますが、実は白い毛だそうです。

バテレン追放令　　　　　東区箱崎

豊臣秀吉は国内においてキリシタンの勢力が強まっていることや、キリシタンによって奴隷売買が行われているという噂を耳にし、「バテレン追放令」を出しましたが、それを発令したのは秀吉が箱崎に滞在していた時でした。

キリシタン灯篭　　　中央区今泉

今泉の長圓寺の境内には「キリシタン灯篭」と言われる、隠れキリシタンが使用したとされる灯篭が残されています。灯篭は十字架に似た形でマリア像にも見える像が刻まれています。この形状の灯篭は博多の聖福寺などでも見られますが、キリシタン灯篭に関しては否定的な学者も多く、確証はないそうです。

勝立寺　　　中央区天神

勝立寺の場所はかつてキリシタンの居留地でした。慶長8(1603)年、京都・妙覚寺の僧・唯心院日忠とキリシタンが宗教問答を繰り広げ、日忠が勝利しました。福岡藩主・黒田長政はそのことを讃え、ここを日忠に与えました。その場所は宗教問答に「勝」って「立」ったので「勝立寺」となりました。西南戦争の時には討伐軍本営が設置されたという歴史もあるそうで、その石碑も建てられています。

キリシタン収容所　　　中央区西公園

江戸時代、西公園の場所には源光院という三代将軍・徳川家光を祀る施設がありましたが、明治維新後は、長崎から萩や津和野へ身柄を移送される隠れキリシタンたちを収容する施設として使われました。

［変わった風習の寺社仏閣］

福岡には数多くの寺社仏閣がありますが、中にはほかとは違ったものを祀ったり奉納したりするところもあります。ここでは少し変わった風習を持つ寺社仏閣を巡ってみましょう。

豆腐をお供えする白川稲荷大明神
西区今津

今津にある白川稲荷大明神。もともとは大漁祈願として慕われていた祠でしたが、参拝すると探していたものが見つかるという言い伝えもありました。稲荷神社なので油揚げがお供えされていましたが、ここの神様は老婆であるとされていたため、柔らかい豆腐のほうがいいという意見が出て、それ以来、豆腐をお供えするようになりました。

こんにゃくをお供えする海元寺
博多区中呉服町

海元寺の閻魔堂には奪衣婆（だつえば）の像が安置されています。奪衣婆は三途の川の入口で死者の衣服などの持ち物を全て奪うことから、ついでに「悪」も取ってもらおうと、「あく」を固めて作られたこんにゃくをお供えするという習慣があります。

二股大根をお供えする照天神社
南区野多目

野多目池のほとりにある照天神社には二股大根を奉納する風習があります。二股大根は古くから縁起のよいものと言われ、照天神社に二股大根を奉納すると、縁結びや夫婦和合にご利益があるとされています。

かぼちゃの祭を開催する勝立寺
中央区天神

その昔、博多の商人だった笹正兵衛が大阪に向かう途中、海難事故にあいました。しかし、海中からかぼちゃを持った毘沙門天が出現し、飢えずに生き延びることができました。帰ってきた笹正兵衛は勝立寺に毘沙門堂を建立し、参拝者にかぼちゃを食べさせました。
その風習は現在でも引き継がれ、冬至の日の「かぼちゃ大祭」では、かぼちゃ料理が振る舞われています。

鶏を祀る鶏石神社
東区香椎

香椎宮内にある鶏石神社(けいせきじんじゃ)。日本で唯一の鶏を祀る神社です。
僧侶が亡くなった鶏を哀れみ、その鶏を化石にして御神体として祀ったのが始まりと言われています。養鶏業者や卵を使う製菓業者が、よく参拝に訪れるそうです。

おこぜ・あらかぶ・財布をお供えする山之神社
東区志賀島

志賀海神社の末社である山之神社には、おこぜやあらかぶをお供えすると、その顔立ちの滑稽さから快く願いを叶えてもらえるとの言い伝えがあるのだとか。
また、空の財布をお供えすると、金運アップにつながると言われているそうです。

［狛犬写真館］

香椎宮の山門近くに
1枚だけ色の違った石畳があります。
ここから山門を見ると
「門」の中に「开（鳥居）」が見え、
漢字の「開」に見えます。
狛犬の吽（口を閉じている方）に
触れてから
この「開」を拝むと
「運が開ける」と言われ
話題になっているのだそうです。

「運」が開く狛犬
香椎宮（香椎）

吽のほうは多くの人に触れられて、苔が生えていません。

苔で覆われた狛犬
住吉神社（住吉）

体を緑色の苔で覆われた狛犬。苔の中からは草まで生えてきています。

笑顔の狛犬
天満宮（桜坂）

なぜかニッコリ微笑んでいる狛犬。神社を守るはずの狛犬ですが、思わず和んでしまいます。

ライオンっぽい狛犬　菊池神社（七隈）

菊池神社の狛犬は阿吽ともにライオンのような風貌。狛犬というより狛猫のようです。

マンガ顔な狛犬　牛頭天王八幡宮（東平尾）

どことなくマンガ風な顔つきの狛犬。とぼけた表情が可愛らしいです。

首が反対を向いた狛犬　光雲神社（西公園）

狛犬の首が本殿ではなく外側を向いているのは福岡に住む人々を守っているという意味合いがあるそうです。

姿勢正しい狛犬　住吉神社（姪浜）

ピンと背筋の伸びた狛犬。飛び出た丸い目も特徴的です。

（写真提供：福岡市）

［福岡にある大仏］

日本でも有数の寺社数を誇る福岡市には
さまざまな仏像があり、
崇敬を集めています。
ここでは市内にある
大仏にスポットを当てて紹介します。

東長寺・福岡大仏

博多区御供所町

黒田家の菩提寺として有名な御供所町の東長寺にある福岡大仏は、木造坐像としては日本一の大きさで、高さ10.8メートル、重さ30トンです。高さ10.8メートルは煩悩の数108つが表現されています。また、大仏の背後には5000体もの仏像が配置されていますし、大仏の台座内には「地獄極楽めぐり」もあります。東長寺の創建は古く、大同元（806）年、唐での修行を終えて帰った空海が建立したものです。

大圓寺・阿彌陀如来坐像

中央区唐人町

安永5（1776）年に造られた大仏で、高さは4.85メートル。昭和11（1936）年に本堂が火災で全焼したにも関わらず、大仏だけは焼けずに残ったことから「不燃の大仏」として信仰を集めています。

称名寺・博多大仏　　東区馬出

称名寺にかつて存在した青銅製の大仏。戦時中の金属供出で回収されて、現在では大仏の台座部分のみが残されています。
（絵葉書提供：金丸靖孝氏）

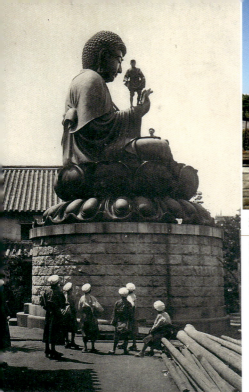

勝立寺・日蓮聖人像　　中央区天神

日蓮の木造坐像としては日本一の大きさ。高さは約2メートルほど。頭巾をかぶった姿と強い眼差しが印象的な仏像です。勝立寺には大きな毘沙門天像もあります。

Ⅲ　土地に残る人々の思い　　83

[あのお地蔵さんの由来は？]

福岡には
数多くの寺社仏閣がありますが、
中には
ほかとは違ったものを
祀ったり奉納したりする
ところもあります。
ここでは
少し変わった風習を持つ
寺社仏閣を巡ってみましょう。

勝ち地蔵　　　　　　　　　　西区愛宕

愛宕神社にあるバットとサッカーボールを持った「勝ち地蔵」。バットにはソフトバンクホークスを表すSHの文字、そしてボールにはアビスパ福岡のロゴが刻まれています。ホークスとアビスパファンからの要望で建立されたもので、毎年3月には勝利を祈願する地蔵祭りも開催され、多くのファンで賑わっています。

天神地蔵　　　　　　　　　　中央区天神

この地蔵が建てられたのは昭和54(1979)年ごろのこと。ある警察官が暴走車両を静止しようとしたところ、車両と接触して殉職。その警察官を弔うために建てられた地蔵です。現在でも近隣の人の手で季節によって服が替えられるなど、大切にされています。

石投げ地蔵（イボ取り地蔵）
　　　　　　　　　　　　　　南区向野

高宮通り沿いにある石投げ地蔵は「塩煮塚」とも言われ、古くから信仰されてきた地蔵です。かつては山伏が修行する場所で、修行の途中で亡くなった太郎坊という山伏を石を積み上げて供養したことが始まりと言われています。また、イボの治療によいとされ、別名「イボ取り地蔵」とも呼ばれています。境内には平たく丸い石が大量に落ちていて、信仰の厚さがうかがえます。

めがね地蔵
　　　　　　　　　　　　　　中央区天神

イムズと天神愛眼の隙間にひっそりとある「めがね地蔵」。ビルが建つ前からこの場所には地蔵があり、待ち合わせ場所としてよく使われていました。その地蔵は愛眼にちなんでめがね地蔵となり、今もここで恋人と待ち合わせするとうまくいくという伝説があるそうです。

Ⅲ　土地に残る人々の思い　　85

愛報地蔵　　中央区渡辺通

渡辺通のサンセルコ内にある愛報地蔵は、もともとは新柳町遊廓（現在の清川周辺）にありました。昭和20年代に発生した新柳町の火災で亡くなった遊女たちを供養するために建てられた地蔵で、戦後、渡辺通に移設され、サンセルコを建てる際に現在地に移設されています。

八兵衛地蔵　　中央区唐人町

元禄7（1694）年に須崎で起きた火事に出動した唐人町の火消したちが、ほかの町の火消しと乱闘になり、3名の死者を出すほどの騒ぎとなりました。町奉行から責任者を出すように言われた際に、森八兵衛という人物が全て自分の責任だとして出頭し、人々を救いました。唐人町の人々は地蔵を建立し、八兵衛地蔵として彼を弔いました。現在では消防の守り地蔵としても崇められ、毎年8月には「唐人町消防夏祭り」が開催されています。

味噌喰地蔵尊　　中央区警固

享保の大飢饉（1732年）の犠牲者を供養する味噌喰地蔵尊。飢饉の際、荒戸で行われていた炊き出しを目指して歩いてきた数多くの人々が、この地で飢えて亡くなりました。後年、亡くなった人を弔うために地蔵が建立され、空腹を満たしてもらおうと地蔵の顔に味噌を塗ってお参りが続けられています。

魚腹地蔵
（ぎょふくじぞう）
博多区
奈良屋町

その昔、博多に暮らす童子丸は、母からもらった形見の鏡を溶かして作った地蔵を大切に持っていました。ある時、船に乗っていると、その形見をサメに奪われてしまいます。童子丸は形見が戻ってくるようにと広島の宮島までお参りに行き、その帰りの船でサメを食べようとさばいてみると、サメの腹から形見の地蔵が見つかりました。感謝した童子丸は仏門に入り、西光寺を建立。明治時代に廃寺となっていますが、現在でも西光寺跡には形見の地蔵を祀る祠が建っています。

将軍地蔵（葛城地蔵尊）
博多区上呉服町

延喜年間（901-923年）、醍醐天皇の時代に梵字が書かれた碑が掘り出され、祀られたのが始まりと言われています。「将軍」とは境界の神である「ミシャグジ」の当て字。この将軍地蔵があったおかげで空襲被害にあわなかったという伝承もあります。また、この地域から戦地へ出征した人が1人も亡くなることなく全員無事で帰ってきたこともあり、「生き残り地蔵」としても近隣の人から崇められています。

Ⅲ　土地に残る人々の思い　87

[地名の起源を探る]

普段何気なく使っている地名にも、
その由来を調べてみると
興味深い歴史の逸話が隠れていることがあります。
福岡市内の地名の由来から歴史を探ってみましょう。

油山 　　　城南区

城南区油山にある正覚寺は、清賀上人が白椿で千手観音を作って安置したことから興されたと言われています。清賀上人は山に数多く生えていた椿の実から灯火用の油を抽出する方法を人々に伝えました。油が多く採れたことから、その山は「油山」と呼ばれるようになりました。

香椎 　　　東区

香椎宮近くにある古宮跡。仲哀天皇と神功皇后は熊襲（くまそ）討伐のため筑前にやってきて、この場所に拠点を作りました。ある時、神託により新羅（しらぎ）平定のお告げを受けますが、それを拒否。神の怒りに触れて仲哀天皇はこの地で崩御してしまいました。神功皇后が仲哀天皇の亡骸を棺に入れ椎の木に立てかけると、一面に香りが漂いました。これが「香椎」の地名の由来となっています。

天神　　中央区

天神にある水鏡天満宮は、京から大宰府に左遷された菅原道真が、疲れやつれた姿を水面に映して見たという故事にちなむ神社です。もともとは現在の今泉にありましたが、福岡城築城の際に鬼門封じとして現在の場所に移されました。菅原道真＝天神を祀ることから、周辺が「天神」という地名になりました。

冷泉町　　博多区

鎌倉時代、当時まだ海の入江が近くにあった博多に巨大な人魚が揚がりました。京から冷泉中納言と安倍大富がやってきて占いを元に調査したところ、「国家長久の瑞兆なり」との結果が出たため、人魚を手厚く葬り龍宮寺としました。冷泉中納言が滞在したことが由来となり、近辺は「冷泉町」と名付けられました。

六本松　　中央区

六本松の地名は、福岡城に行く際の道しるべとなる松の木が6本植えられていたことに由来します。松の木は昭和初期ごろまで残っていましたが、台風によって倒壊しました。松があった場所は六本松3丁目10番付近で、現在でも木が生い茂っています。

Ⅲ　土地に残る人々の思い　　89

[なぜこんなところに？]

街の歴史を調べていると、
「なぜこんなところに？」という史跡やスポットに
めぐり合うことがあります。
ここでは
「なぜ福岡にそれが？」
「なぜこんな場所にそれが？」
というものを紹介します。

岡本太郎「挑む」
中央区天神

天神新天町の社員食堂「新天町倶楽部」に飾られている岡本太郎の巨大な絵。昭和56 (1981) 年の新天町35周年祭の時にゲストとして招かれた岡本太郎は、トークショーとライブペイントを行う予定でしたが、体調不良のためトークショーのみが行われました。ここに飾られているのは、ライブペイントが中止になった埋め合わせとして後日送られてきたものだそうです。同じ年にはからくり時計も完成し、地下鉄も開通しています。

ヴィクトリア時代の街灯
中央区天神

福岡市役所の北別館横にあるヴィクトリア時代の街灯。この街灯は約100年前にアメリカのレーキ・メリット公園で実際に使用されていたもので、福岡市とオークランドの姉妹都市提携12周年を記念して設置されました。

福岡市美術館東側の土塁
中央区大濠公園

福岡市美術館の東側にある駐車場付近には2、3メートルほどの高さの土塁が数百メートルにわたって続いています。
現在の大濠公園の池（堀）はかつて福岡城の外堀として利用されていました。当時はこの土塁の場所まで堀が広がっていましたが、昭和2（1927）年に堀の一部が埋め立てられ東亜勧業博覧会の会場用地として利用されました。堀のなごりの土塁には石垣がそのまま残っている部分もいくつか見ることができます。

聖徳太子の作った仏像
中央区今川

今川の「西町観音」に奉納されている阿弥陀如来像は、聖徳太子が作ったものであると伝えられています。
黒田家の家臣である庄野彦左エ門直義が享保5（1720）年、戦いでの成功を願って宇佐から持ってきた像で、もともとは鳥飼八幡宮にありましたが、明治時代の廃仏毀釈を免れるために現在地に移し安置されました。

Ⅲ　土地に残る人々の思い　91

吉塚に道頓堀　　博多区

吉塚には「道頓堀」というバス停があります。昭和初期、この近辺には建材店や木材店などの商店が数件ありましたが、まだまだ田畑の広がる場所でした。そこで商店の人たちが地域を盛り上げようと、大阪の繁華街にあやかって周辺を「道頓堀」と呼び始めたのだそうです。それが現在でもバス停や交差点の名前として残っていると言われています。

大手門で阿波踊り　　中央区

簀子（すのこ）地区（中央区大手門3丁目付近）は、以西底引網漁に従事する徳島県出身の人が多く暮らしていた地域です。昭和9（1934）年に移住してきた人たちは漁に励み、祭りが開催されると故郷を懐かしむべく阿波踊りを踊りました。そのため、毎年開催されている「すのこまつり」では阿波踊りが披露されています。また、簀子地区では現在でも阿波弁を話す人が多いのだそうです。

上：2017年「すのこまつり」の阿波踊りの様子。下：簀子公民館提供

馬出に松尾芭蕉の墓　　東区

馬出の住宅街にある松尾芭蕉の墓。これは博多の俳人・哺川（ほせん）が芭蕉の弟子であった向井去来から芭蕉の辞世の句を贈られ、そのことに感銘を受けて建てた墓碑です。芭蕉の墓碑は全国に数例ありますが、その中でも最も古いものと考えられており、県の史跡に指定されています。

寺塚に赤穂浪士の墓　　南区

寺塚にある興宗寺には元禄赤穂事件を題材とした「忠臣蔵」で知られる、赤穂四十七士の墓があります。これは六本松に在住していた木原善太郎氏が赤穂浪士の話に感銘を受け、私財を投じて作ったもので、東京の泉岳寺にある赤穂浪士の墓がそっくりそのまま再現されています。

陸軍墓地にドイツ人の墓　　中央区谷

谷の陸軍墓地には、幕末から太平洋戦争までの戦いで犠牲となった人々の碑が建立されています。その中にドイツ人の名が刻まれた墓碑があります。これは、第一次世界大戦中に当時ドイツの極東における根拠地であった青島で日本軍の捕虜となったドイツ兵が、福岡で病死したため建てられた墓碑と伝えられています。

Ⅲ　土地に残る人々の思い　　93

[難読地名]

地図を見ていると、どう読んでいいのかわからない難読地名と出合うことがあります。市内にある難しい読みの地名を、その成り立ちとともに探ってみましょう。

雑餉隈（ざっしょのくま）　博多区

難読地名としてよく挙げられる「雑餉隈」ですが、由来については諸説あり、雑掌（ざっしょう）という大宰府の役人が住んでいた場所という説が有力です。「隈」とは「端」を意味し、「雑掌が住む地方」を表した地名と言われています。

曰佐（おさ）　南区

「曰」は「曰く＝言う」と言う意味で、「佐」は補佐を意味する「佐」です。言うのを補佐する、つまり「通訳」を表しています。この地は大宰府政庁の通訳官が暮らした場所であることから、曰佐という地名になったと言われています。

立花寺（りゅうげじ）　博多区

この地にかつてあった「龍華寺（りゅうげじ）」という寺に由来しています。龍華寺には小院が6つありましたが、戦によって焼失しました。立花寺にある摂取寺（せっしゅじ）は、その小院の1つが復興して建てられたものです。

対馬小路（つましょうじ） 博多区

「つしまこうじ」と読んでしまいそうになる対馬小路。戦国時代の戦で焼け野原となった博多の町を復興する際、対馬藩主・宗義智（そうよしとし）の屋敷をこの場所に置いたことが由来になっています。以前は「つしましょうじ」と呼ばれていたそうですが、時代を経るごとに「つましょうじ」になったと言われています。

警弥郷（けやごう） 南区

明治20（1887）年に弥永村（やながむら）、上警固村、東郷村の3つの村が合併して成立した地名。弥永村、上警固村、東郷村をそれぞれ知っていれば難読ではありませんが、知らない後世の人にとっては読むのが非常に難しい名前になっています。以前は警弥郷村でしたが、現在は字（あざ）の「警弥郷」として残っています。

Ⅲ 土地に残る人々の思い　95

バス停の名前に残る古い地名

福岡の交通網の要となっている路線バス。
福岡市内にはさまざまな名前のバス停が存在していますが、
古い町名が残るバス停も多いのだとか。
今回はバス路線探検家の沖浜さんにバス停について話を伺ってみましょう。

Y氏■バス停に古い町名が残っていると聞いたのですが、どれぐらい残っていますか？

沖浜■たくさん残っていますよ。例えば中央区の桜坂にある「馬屋谷」バス停などは昔の地名ですね。

Y氏■馬屋谷という地名があったんですね？

沖浜■はい、このあたりは昔、馬屋谷や浪人谷など「○○谷」と付く町名がいくつかあって、現在は「御所ヶ谷」のみが残っています。その他は統合でただ単に「谷○丁目」となって消滅していますが、馬屋谷はバス停の名前として残っています。

Y氏■ほかにはどういうものがありますか？

沖浜■中央区港の「すの子」は簀子町のなごりですね。このバス停はもともと「すのこ小学校前」でしたが簀子小学校が統合でなくなったので、すの子となりました。読み方が難しいためか、ひらがな混じりの表記になってます。

Y氏■すの子、確かにありますね！西公園の近くですね。

沖浜■そうです。でも「西公園」というバス停ってないんですよ。

Y氏■え？　そうでしたっけ？　意外ですね!?

沖浜■正確に言うと少し前まではあったのですが2010年に西公園から「大濠公園」に変更になっています。

Y氏■西公園からずいぶん離れた場所に西公園のバス停があったんですね？

沖浜貴彦さん
バス路線探検家。
幼少期にバス路線図に興味を持ったことから
路線バス探検を開始する。
バス情報サイト「ほぼ西鉄バスの旅」管理人。
「秘境路線バスをゆく（イカロス出版）」
「全国ローカル路線バス（実業之日本社）」などに寄稿。
ハンドルネームは「ちょんびん」。

沖浜■はい、これは路面電車の電停の名前が西公園だったことのなごりです。路面電車が開業したのは明治43（1910）年、大濠公園が開園したのは昭和4（1929）年ですから、当時、電停付近で代表的な場所だった西公園が電停の名前になったのだと思います。それが路面電車廃止後もバス停に引き継がれて2010年までそのままになっていたのでしょうね。

あとは博多の呉服町近くの「蓮池」も旧町名ですね。ちなみに蓮池から行くことができる「みどりが丘団地入口」もちょっと面白いバス停なんですよ。

Y氏■どんなバス停なんですか？

沖浜■みどりが丘団地入口の隣は「名子」というバス停なのですが、この二つのバス停の距離はたった30メートルほどしかないんです。

Y氏■なぜそんなに短い距離になってるんですか？

沖浜■もともとは名子から「みどりが丘団地」に路線があり、みどりが丘団地入口のバス停はありませんでした。その後、反対側からも路線ができた時、

Ⅲ 土地に残る人々の思い　　97

今の位置に車庫ができて、みどりが丘団地入口という名の終点になったことで、かなり距離の短い区間になったんです。

Y氏■その30メートルしか離れていないみどりが丘団地入口－名子間だけに乗車することもできるんですか？

沖浜■はい、もちろん乗ることができますよ。170円払うことになりますが（笑）。

Y氏■ちょっと乗ってみたい気もしますね（笑）。

沖浜■古い町名がバス停の名前として残っているのは、その他に荒江の「福陵町」、野間の「神田町」、多の津の「津屋本町」などもありますよ。

Y氏■意外とたくさん古い町名が残っているんですね。

沖浜■バス停に書かれているものの中には、バス停の名前以外にもいろいろと過去の記憶と呼べるものがありますね。

Y氏■といいますと？

沖浜■まず、この名島バス停を見てください。西鉄さんは平成8年にロゴを変更していて、現在はアルファベットの「Nishitetsu」をデザインしたものになっているのですが、ここは旧ロゴが残っています。漢字の「西」を円くして、車輪に見立てたのだと思います。

Y氏■ほんとだ！　平成8年ということは、20年以上前のものが残っているんですね。

沖浜■そうですね。平成8年「まで」

使っていたので、もっと古い可能性もあります。何故ここだけ残っているのかは謎です。西鉄さんに知られてしまうと更新されてしまう恐れもあるので、あまり有名にしないほうがいいのかもしれません（笑）。
Y氏■じゃあ本に載せちゃダメですね（笑）
沖浜■でもいつかは新しく「なっちゃう」ものですから、載せていただくと記念になりますし、長く残ります。
Y氏■なるほど。
沖浜■それから、バス停の行先表示にも注目してもらいたいですね。
Y氏■「行先表示」ですか？
沖浜■そうです。バス路線ってその時代ごとに利用状況が変わるので、頻繁に新設や廃止が行われているんですよ。そのたびにバス停ひとつひとつ変更するのは手間なので、最近は「○○方面」って書かれることが多くなってまして。
Y氏■「津屋本町」の「上脇田・青洲会病院方面」というようにですね。
沖浜■でもやっぱりマニアとしては、そこから行ける終点が全部羅列されているバス停に萌えるんです。写真の名島や神田町一丁目のタイプですね。もうこれから増えることはなくて、現存していない行先が書かれていることもあるので、なるべく多く記録しておかなきゃって焦るんですよ。
Y氏■なるほど、まさに「路上遺産」といった感じですね。

Ⅲ　土地に残る人々の思い　　99

Ⅳ 知っておきたい福岡のあれこれ

　日本の最北端の地は北海道の宗谷岬です。では福岡市の最北端はどこかご存じでしょうか？　おそらく福岡市に住んでいても答えられない人がほとんどかと思います。

　このように身近な場所にこそ知らないことは多いものです。

　この章では福岡市に関する雑学や街の身近な場所にあるものに関するちょっとした豆知識を紹介します。

謎のポンプ　　博多区店屋町

大博通りの地下鉄祇園駅と呉服町駅の間ぐらいに「おポンプ様」と言われる手押しポンプがあります。この手押し式のポンプは戦前からこのあたりにあり、大博通りができる時に撤去される予定だったものが、近隣住民からの声で現在でも保存されています。手押し部分が二つある「二連式」というのは非常に珍しく、しかも今でもちゃんと水が出て現役で稼働するものはほぼないのだそうです。

しょっぱい水
博多区上川端町

櫛田神社の拝殿前にある「霊泉鶴の井戸」は、昔から不老長寿の水として信仰されていますが、櫛田神社の地下にある水脈は塩水を含んでいるので非常にしょっぱい味がします。これは、かつて櫛田神社が海に面した場所にあったことのなごりだと言われています。

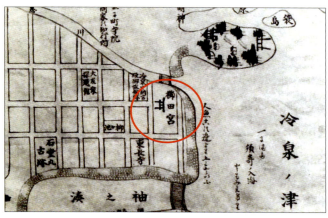

IV 知っておきたい福岡のあれこれ　101

発祥の地を巡る

古くからの歴史が残る福岡にはさまざまな「発祥の地」があります。とんこつラーメンが福岡の発祥だということは有名な話ですが、これ以外にも、これも福岡が発祥だったの？と驚くものがたくさん。いろいろな「発祥の地」を巡ってみましょう。

うどん
博多区博多駅前1丁目

仁治2（1241）年、宋での修行から帰国した聖一国師は承天寺を建立しました。聖一国師は中国でさまざまな技術を習得しており「水磨の図」という製粉の技術書を持ち帰っていました。この技術が各地に伝わり、うどん文化が日本中に広がっていきました。

スーパーマーケット
博多区上川端町

第一次世界大戦時、日本は好景気によるインフレで物価が著しく高騰しました。流通の構造に問題があるとして、大正7（1918）年に「博多廉売会」が組織され、櫛田神社内で産地直送の物品を格安販売しました。これが日本のスーパーマーケットの基礎となったとも言われています。

日本のセーラー服
中央区薬院

かつて薬院にあった福岡女学校。校長のエリザベス・リーは、それまで袴で登校していた学生たちがもっと活発に活動ができるようにと、大正10（1921）年、米国の女学生が着ていたセーラー服を福岡女学校でも制服として採用しました。これが日本のセーラー服の発祥となっています。

ヤクルト　中央区唐人町

昭和5（1930）年、ヤクルト菌を発見した代田稔は、「ハガキ1枚煙草1本の値段で買えるヤクルト」の理念のもとに研究を行いました。それに初代社長の永松昇が賛同して、唐人町の菰川（こもがわ）沿いに「ヤクルト研究所」を作り、販売を開始したのが起源になっています。

サザエさん
早良区百道浜

福岡市の西新に住んでいた作者の長谷川町子は、百道の海岸を散歩している時にサザエさんの構想を思いつきました。昭和21（1946）年より「夕刊フクニチ」にサザエさんの連載が開始され、人気となりました。海岸は現在埋め立てられてシーサイドももちになっています。

Ⅳ　知っておきたい福岡のあれこれ　　103

[博多の郷土料理]

博多といえばグルメの街としても有名です。
全国的にも知られている博多の郷土料理の発祥について解説します。

筑前煮　　　　　　　　　　　　　　中央区城内

筑前煮と福岡城の堀には深い関わりがあります。堀はもともと城の防衛のために造られたものでしたが、明治時代に城が取り壊された後は無用の長物となっていました。これを有効活用するために、蓮、つまりレンコンの栽培が始められました。ここで採れたレンコンは食卓に流通して筑前煮の具材となり、福岡の郷土料理として広がっていきました。

蓮が生い茂る福岡城の堀（明治後期撮影）

とんこつラーメン

とんこつラーメンの発祥については諸説あります。中洲の博多大橋近くで開業した屋台「三馬路」や柳橋にあった屋台「博多荘」が出した透明なスープのとんこつラーメンが発祥であるという説、博多駅前にあった「赤のれん」が中国の十銭そばを模倣して出したものが発祥とする説、長浜の「元祖長浜屋」が台湾ラーメンを改良して出したのが始まりとする説など、さまざま。さらにここに久留米が発祥とする説なども加わり、現在でも議論が続けられています。

水炊き　　中央区平尾

明治時代後期、林田平三郎氏が香港のイギリス宅で学んだ西洋料理と中華料理をアレンジし、須崎の「水月」で水炊きとして出したのが始まりと言われています。水月は平尾に移転して、現在も営業しています。

辛子明太子　　博多区中洲

「ふくや」の創業者である川原俊夫氏が、戦後、釜山で出されたスケトウダラの卵巣の辛子漬けをヒントに、さまざまな改良を加えて生み出したのが、現在の辛子明太子のルーツとなっています。博多駅で販売され、土産物として人気となったことをきっかけに、全国に広がっていきました。

もつ鍋　　早良区田村

もつ鍋は炭鉱労働者が食べていたホルモン鍋にルーツがあると言われていますが、もつ鍋を最初に出した店として知られているのは早良区田村にある「万十屋」です。もともと和菓子屋だった万十屋でしたが、戦後の物資難の時代に材料が揃わず和菓子が作れなかったので、牛もつを使って鍋料理を出し始めたのが発祥と言われています。

[医療]

人の営みと医療は密接な関わりを持っています。
医療が飛躍的に発展した江戸時代から現在に至るまで、
福岡にも医療に関するさまざまなエピソードが残されています。
ここでは市内の医療にまつわる逸話について紹介します。

九州大学医学歴史館
東区馬出

九州大学医学部に残るさまざまな医学に関する資料が展示されています。歴史館の建物は平成9（1997）年に解体された木造洋風建築の解剖学講堂を復元したものです。太平洋戦争末期に起きた米軍捕虜に対する生体解剖事件に関する資料も展示されています。

人参町
博多区博多駅前

博多駅前には人参公園や人参通りなど「人参」がつく名前をよく見ますが、この人参とは薬用人参のこと。江戸時代、福岡藩が薬を作るための薬用人参の畑があったことに由来します。現在の博多駅付近も、古くは人参畑の広がる場所だったと言われています。

原三信病院　博多区大博町

代々、福岡藩の藩医であった原三信（はらさんしん）。6代目の原三信は長崎・出島への留学の際、西洋の書物をもとに貞享4（1687）年、日本で最初の解剖書を作成しました。現在の原三信病院は明治35（1902）年に設立された、九州で最初の私立病院です。

田原淳旧居跡　中央区天神

警固神社の西側にある「田原淳先生住居之址」の碑。この場所に暮らした病理学者・田原淳（たはら・すなお、1873－1952年）は、心臓の動きを指令する機能を発見した人物です。この発見は現在のペースメーカーの基礎となるもので、医療の発展に大きく貢献しました。

養巴町通り　中央区大名

鷹取養巴（たかとり・ようは、1827－65年）は福岡藩の藩医として大名に邸宅を構えていました。幕末の尊皇攘夷運動に関わりましたが、佐幕派に捕らえられて処刑されました。鷹取養巴の邸宅跡付近の通りは「養巴町通り」と名付けられています。墓は博多区御供所町の妙楽寺にあります。

Ⅳ　知っておきたい福岡のあれこれ　　107

[映画・小説の舞台]

数々の映画や小説の舞台となっている福岡。
ここでは福岡を題材とした作品や福岡が舞台となっている作品を紹介します。

夢野久作 「ドグラ・マグラ」 東区周辺

「ドグラ・ひマグラ」は記憶を失った主人公が自分が関わった事件を紐解いていく物語。「九大医学部精神科病棟」が主な舞台となっています。その他にも筥崎宮や名島橋横の鉄橋など東区周辺の場所が多数登場しています。

松本清張 「点と線」 東区香椎

昭和30年代の推理小説ブームの火付け役とも言われる小説「点と線」は、香椎が舞台として登場します。映画化の際には実際に香椎で撮影が行われ、劇中に昔の香椎の風景が登場します。西鉄香椎駅前にはそれを記念して清張桜が植えられています。

東宝怪獣映画
中央区天神

東宝の怪獣映画には、天神や中洲の街並みがたびたび登場しています。昭和31（1956）年の「空の大怪獣ラドン」、平成3（1991）年の「ゴジラvsキングギドラ」では中洲周辺が破壊され、西大橋や福博であい橋などが映されます。また、平成6年の「ゴジラvsスペースゴジラ」では、ゴジラが天神の街を破壊するシーンが登場します。

陸軍
中央区天神

火野葦平原作によるもので、陸軍省の依頼によって作られた国策映画。日清戦争、日露戦争、満州事変と、ある一家の物語を描いています。戦意高揚が目的だったにも関わらず、反戦を思わせる内容が含まれている映画として知られています。映画には赤煉瓦文化館（福岡市文学館）などが登場します。

Ⅳ 知っておきたい福岡のあれこれ

［スポーツの聖地］

福岡ソフトバンクホークスやアビスパ福岡などに代表されるように、スポーツにおいても有名な福岡。古くからさまざまなスポーツが活発に行われてきました。福岡市内のスポーツの歴史にゆかりのある場所を巡ってみましょう。

平和台野球場跡 　　　　　　　　　　中央区城内

昭和24（1949）年にGHQに接収されていた福岡城跡の旧日本軍用地に、スポーツを通して平和を目指すとして平和台野球場が造られました。西鉄ライオンズの本拠地として使われ続けましたが、ライオンズの本拠地移転や福岡ドームの建設などにより、平成9（1997）年に閉鎖されました。平和台野球場跡地からは鴻臚館の遺構が発見され、現在は鴻臚館展示室や公園として整備されています。

左：舞鶴公園入口にある平和台野球場祈念碑
下：平和台野球場（提供：西日本鉄道株式会社）

福岡スポーツセンター　中央区天神

現在のソラリアプラザの場所にあった屋内型スポーツ施設で、開業は昭和30（1955）年。大相撲九州場所やプロレス、ボクシングなどが開催され、アイススケート場もありましたが、老朽化のため昭和62年に解体されました。

右：ソラリアプラザ
下：大相撲開催時の福岡スポーツセンター
　　（提供：西日本鉄道株式会社）

古代力士像
住吉神社　博多区住吉

その昔、横綱になると熊本の吉田司家に免状取得に行き、その帰りに住吉神社に参拝するという習わしがありました。そのことにちなみ平成25（2013）年11月に建てられた像で、現在、九州場所が開催される時には住吉神社で横綱奉納土俵入りが行われています。

国体道路

博多区祇園町交差点－
中央区大濠1丁目交差点

市内中心部にある国体道路は、昭和23(1948)年に平和台競技場を中心に開催された第3回国民体育大会に合わせ、この場所を流れていた薬院川を埋め立てて整備された道です。平和台競技場では陸上競技やサッカーが開催され、博多湾ではヨットレースなども行われました。

福岡競輪場

東区箱崎

貝塚交通公園には、子供が交通ルールを学べるように道路に見立てたコースが造られていますが、もともとこの場所には福岡競輪場がありました（右。提供：西日本鉄道株式会社）。福岡競艇が人気となったことなども影響して、昭和37(1962)年に閉鎖され、跡地は公園として整備されました。園内には現在でも客席の一部が残されています。

カプー　マリナ通り

平成7（1995）年、全世界の学生が集まって開催されるスポーツ大会「ユニバーシアード」が福岡で開催され、現在の西福岡マリナタウンの場所に選手村が造られました。

その選手村への道となったマリナ通りの愛宕大橋付近には、歩道の柵にユニバーシアードのキャラクターだったカプーのイラストが現在でも残されています。

また、サッカーと陸上競技が行われた博多の森陸上競技場（博多区・東平尾公園）には祈念碑が建てられています。

上：マリナ通りのカプー
下：博多区・東平尾公園の祈念碑（提供：福岡市）

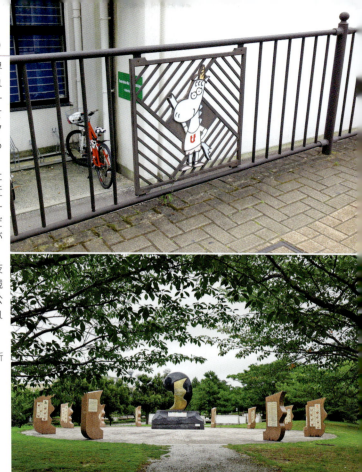

Ⅳ　知っておきたい福岡のあれこれ　113

博多の音楽

イギリスのリバプールは
ビートルズなどの有名なミュージシャンを
多数輩出した場所として知られています。
福岡は
多くの有名ミュージシャンの出身地であることから、
「日本のリバプール」と
言われたりもします。
ここでは
福岡の音楽文化に関わる場所を巡ってみましょう。

川端商店街入口にある
川上音二郎像

オッペケペー節
博多区対馬小路

明治時代の講談師である川上音二郎は対馬小路の商家に生まれ、実家を出てからは大阪や東京で政治演説を始めます。風刺の効いた歌「オッペケペー節」は一世を風靡し、フランスやパリでも公演を行うなど世界的に活躍しました。
ちなみに、和菓子で有名な石村萬盛堂は、川上音二郎の生家の一画を借りて創業しています。

上：創業当時の石村萬盛堂（川上音二郎の家。提供：株式会社石村萬盛堂）
右：この時の家賃は音二郎の計らいで、櫛田神社に納められていたそうです。櫛田神社には「寄進 中対馬小路卅六七番地 宅地建物 川上音二郎 仝 貞子」と書かれた碑があります

フォークロック
中央区天神・須崎公園

チューリップ、甲斐バンド、井上陽水、海援隊、長渕剛など数え切れないほどの大物ミュージシャンを輩出したライブ＆喫茶の店「照和」(写真上)。昭和45(1970)年にオープン、53年にいったん閉店したものの、平成3(1991)年に営業を再開して、現在でもさまざまなジャンルのミュージシャンがステージを飾っています。
また、当時は須崎公園(写真下)でも月に数回コンサートが開催され、上京前のチューリップや海援隊が歌っていました。演奏が行われた野外音楽堂は現在でも須崎公園内に残されています。

めんたいロック
中央区長浜

1970－80年代の福岡はロックが活発で、シーナ＆ザ・ロケッツ、THE MODS、ザ・ロッカーズなど福岡発のバンドが数多く誕生しました。その後、福岡発のバンドは「めんたいロック」と言われ、1つのジャンルを確立するまでになりました。これらのバンドが出演した長浜公演前のライブハウス「80's FACTORY」は、めんたいロックの聖地と言われていました。

［街なかのアート作品］

福岡市では「彫刻のあるまちづくり」として、昭和58（1983）年から公共空間などにアート作品の展示が行われています。25作品からスタートしたこの取り組みは、現在では約100作品ほどが展示されるまでに広がっています。街なかにあるアート作品の一部を紹介します。

ヘンリームーア「着衣の横たわる母と子」
博多区博多駅

博多口正面にあるイギリスを代表する彫刻家ヘンリー・ムーアの作品「着衣の横たわる母と子」。ヘンリー・ムーアは母と子をテーマとした作品を数多く残していますが、これもその1つです。福岡市政100周年を記念し、募金によって寄贈されたものです。

松永真「平和の門」他
中央区大名

カルビー、カゴメ、ベネッセなど、誰もが一度は目にしたことがあるロゴマークを多数手がけているグラフィックデザイナー・松永真による作品群が西鉄グランドホテル前にあります。カラフルでユニークな形の動物が印象的で、街なかに彩りを添えています。

「平和の門」

「顔が西むきゃ尾は東」

「おかえり」

「大きな一歩」

「見晴し台」

山崎朝雲「桂の影」 　　中央区天神

アクロス福岡の向かい側にある、明治から昭和にかけて活躍した博多の彫刻家・山崎朝雲の作品。春が来るのを指折り数えながら心待ちにする童子の姿を表したものです。山崎朝雲は東公園の亀山上皇像（14ページ）や福岡市城南保健所の種痘像（下）も手がけています。

吉水浩
「Dragon King Rabbits」
　　　　　　　　　西区姪の浜

姪浜駅前のシンボルになっている波とうさぎのモニュメント。これは姪浜の興徳寺を開いた大応国師が宋で修行をした帰りに大嵐に遭遇した際、船に乗っていたうさぎが龍となり嵐をおさめたという伝説に基づいています。唐津街道沿いの龍王館の祠は、そのうさぎを祀ったものです（上）。

Ⅳ　知っておきたい福岡のあれこれ

[福岡市の"一番"を見に行く]

一番高い山

福岡市で一番高い山は早良区と佐賀市にまたがる「脊振山」で、標高は1055メートルです。山頂には脊振神社上宮と自衛隊の脊振山分屯基地があります。ちなみに福岡県で最も高いのは八女市の釈迦岳で、標高1230メートルです。

山頂には脊振神社という弁財天を祀る祠があります。その真横には航空自衛隊と米軍の巨大なレーダーサイトが設置されています。

修験道の行者が修行していた場所でもあり、役行者（えんのぎょうじゃ）像が残っています。台座に刻まれた銘文には、元禄13（1700）年に山伏によって建立されたことが記されています。

一番低い山

福岡市で一番低い山は東区大岳にある「小岳」で、標高は21メートル、5階建てのビルほどの高さです。これは福岡県で最も低い山であるとともに、九州で一番低い山でもあります。

小岳の最寄りのバス停「大岳」

小岳全景

小岳のふもとに鎮座する小嶽神社

山頂の札

Ⅳ 知っておきたい福岡のあれこれ

福岡市で一番北

福岡市で一番北にあたる場所は西区小呂島の「イガイ瀬」と言われる海岸です。イガイという二枚貝が採れる場所であるため、そう呼ばれていますが、道が整備されていないので歩いて行くことは難しいです（写真はイガイ瀬近くの崖）。

福岡市で一番南

逆に一番南にあたる場所は早良区板谷の脊振山山中です。航空自衛隊脊振山分屯基地があるため、最南端の場所には入ることができません。ちなみに福岡市の最北端と最南端の直線距離は約60キロあります。

Ⅳ 知っておきたい福岡のあれこれ

一番古い時計店

福岡市に現存する時計店で最も古い歴史を持つ店は、博多区住吉にある「幸田時計店」です。

現在の3代目店主・幸田昭男さんの祖父が長崎の外国人から時計の修理技術を習得し、明治21 (1888) 年に中洲中島町に店をオープンしたのが始まりです。

中洲中島町の店舗は福岡大空襲の際に焼失したため、現在の住吉の店舗へ移転しました。

博多祇園山笠の追い山の時計係を担当しているのもこの幸田時計店で、タイムの計測にはセイコー社の懐中時計が使用されています。

上：追い山のタイム計測に使われているセイコー社の懐中時計
下：幸田時計店では今では珍しい古い時計も取り扱っています

三代目店主・幸田昭男さん

古い新聞に掲載されていた幸田時計店の広告

中洲の清流公園にある明治32 (1899) 年に建てられた博多町家寄進高灯篭には、幸田時計舗の名も刻まれています

Ⅳ　知っておきたい福岡のあれこれ　　123

一番古い喫茶店

福岡市で最も古い喫茶店は博多区店屋町にある「ブラジレイロ」です。昭和9（1934）年にブラジルのサンパウロ州のコーヒー局が豆の宣伝のために東中洲にオープンした店舗がルーツになっています。

上：東中洲時代のブラジレイロが写っている絵葉書。中央部分の橋のたもとにある白い建物がブラジレイロ

左：旧ブラジレイロの現在の様子。写真右側の黒いビルの場所にブラジレイロがありました。ここにはブラジレイロによく通ったといわれる原田種夫の文学碑（66ページ）が建てられています

福岡 ヤフオク!ドームは2つになる予定だった？

福岡市立少年科学文化会館にあった幻のツインドーム構想のジオラマ

　1990年代初頭、アジア太平洋博覧会の会場跡地にホークスの拠点となる施設が造られることになりました。当時ホークスの親会社であったダイエーが計画したのは、球場のドームと屋内型遊園地を持つアミューズメントドームの2つのドームを建てるツインドーム構想。この2つのドームの間にはリゾートホテルを建てる計画もあったのだそうです。管理・運営などを行うために設立された会社の社名も「株式会社ツインドームシティ」だったのだとか。

　しかし、その計画が進行していた1990年の初めごろはバブル崩壊のまっただ中。結局、ダイエーの経営不振によってツインドーム構想は頓挫。アミューズメントドームの方は見直しとなり、結果としてホークスタウンが造られました。実現していたら今とは違った街になっていたかもしれませんね。

現在のヤフオク！ドーム

Ⅳ　知っておきたい福岡のあれこれ　　125

［巨木を見上げる］

緑豊かな福岡市には
たくさんの巨木があり、
それぞれの木に
エピソードが残されています。

香椎宮の綾杉
東区香椎
樹齢：約1800年

左は香椎宮の御神木・綾杉。樹齢は約1800年です。一度下に垂れ下がり、そこから上に伸びる特徴的な形です。昔この木に落雷があり、折れかかっていたのが見事に復活して現在の形になったのだそうです。綾杉の下には神功皇后の埋めた鎧（よろい）などがあると伝わっています。

櫛田の銀杏
博多区上川端町
樹齢：約1000年

櫛田神社の境内にある巨大な銀杏。「博多祝い歌」の中にも「さても見事な櫛田の銀杏（ぎなん）枝も栄ゆりゃ葉もしゅげる」と歌われます。この木の真横で行われる山笠を何百年も見つめてきた歴史ある木です。

鳥飼八幡宮の千年ソテツ　中央区今川
樹齢：約1000年

鳥飼八幡宮の御神木である巨大なソテツ。武内宿禰（すくね）が神功皇后とそのお腹の子の安全を祈願した際に生えてきたものだと言われています。不老長寿や縁結びにご利益があるとされています。

筥崎宮の大楠　東区箱崎
樹齢：約800年

筥崎宮の境内にある大楠は、かなりの部分が空洞になりながらも、しっかりと力強く伸びる姿が印象的です。樹齢は約800年と言われていますが、約800年前といえばちょうど元寇のころで、亀山上皇が筥崎宮に「敵国降伏」を祈願されたころ。そんな博多の歴史も見つめてきた木です。

飯田屋敷の大銀杏
中央区大名　樹齢：約400年

大名のオフィスビルが並ぶ一画にある大銀杏。江戸時代初期、熊本城主であった加藤家が改易となり、その家臣であった飯田覚兵衛は福岡藩に客分として迎えられることになりました。その際、覚兵衛が熊本城から苗を持ってきて自分の屋敷に植えた銀杏だと言われています。

福岡市は保存樹の数がダントツで日本一?!

福岡市では都市の美観を維持するため積極的な樹木の保存が行われていて、
たくさんの木が保存樹として指定されています。
福岡市役所で保存樹の管理に携わっている山本さんに
詳しい話を聞いてみましょう!

Y氏■福岡市ってそんなに保存樹が多いんですか?
山本■そうなんです、全国の市町村でも飛び抜けて数が多いんですよ。グラフで表すとこんな感じです。福岡市には約1800本の法律に基づく保存樹があるんです。

Y氏■ぶっちぎりの1位ですね! 福岡市ってこんなに保存樹があったんだ! 根本的な質問なんですが保存樹って何のために指定してるんですか?
山本■一番の理由は都市の美観を維持するためですね。
Y氏■確かに福岡市は緑が特に多いような気がしますね。
山本■保存樹になっている木にはこういった看板を建てるようにしています。
Y氏■注意深く見たことはなかったですが確かによく見ますね。指定番号というのが書かれていますがこれは何なんですか?
山本■保存樹には区別に全部番号が振られていて管理されているんです。例えば東区の場合は「東○号」という番

■保存樹の数
資料:国土交通省「都市緑化データベース」
公開日:平成28年8月16日

福岡市 1852本
横浜市 1003本
川崎市 895本
名古屋市 861本
熊本市 626本

128

山本佑介さん
福岡市博多区役所維持管理課勤務。平成25年度に福岡市役所に造園職員として入庁、平成26年度から平成28年度まで福岡市みどり推進課で保存樹業務を担当。好きな大木は、城南区・田島八幡神社のクスノキと中洲・清流公園のサワグルミ。都市の中にある巨木のどっしりした佇まいが好き。

号になっています。

Y氏■保存樹って神社にあることが多いんですか？

山本■約1800本の保存樹で一番多いのは神社ですね。あとは個人の家やマンションの敷地内などにもあります。

Y氏■公園にも多そうですね。

山本■公園の場合は市が管理する土地が多いので保存樹にはならないんです。

Y氏■どうして市の土地だと保存樹にならないんですか？

山本■保存樹事業は民有地にある緑を保存するというのが目的なんです。市が管理している土地は樹木を保存するのは当然という観点から法的に保存樹に指定できないんですよ。

Y氏■自分のものは自分で管理して当然という考え方なんですね。ところで保存樹ってどういう基準で指定されるんですか？

山本■ざっくりとした基準では幹周りが1.5メートル以上、高さが15メートル以上のいずれかを満たすものです。フジとかだと枝葉の面積も基準になったりします。あとは樹木医という樹のお医者さんがいるのですが、危険度と衰退度を5段階評価してもらって最終的な判断をしています。立派に見える樹でも実は中が腐っていたりということもあるんですよ。

Y氏■保存樹に指定されることで、持ち主に何かメリットとかってあるんですか？

山本■大きな樹だと剪定をする時に1回で10万円とか20万円とかかかってしまうんです。保存樹に指定されると、条件はありますが、その剪定費の半分を市が補助しています。

Y氏■なるほど、そうやって市が保存をサポートするようなシステムになっているんですね〜。福岡市に緑が多いのは頑張って保存をしてきた効果が出ているからなんでしょうね！

索　引

▷東区

大　　岳	福岡市で一番低い山　119
香　　椎	地名の起源　88
	香椎宮・綾杉　126
	香椎宮・「運」が開く狛犬　80
	香椎宮・鶏石神社　79
	香椎宮・古宮趾　45
	香椎宮頓宮・万葉歌碑　75
	香椎浜　45
	西鉄電車　32
	松本清張「点と線」　108
	鎧坂・兜塚　45
西 戸 崎	西戸崎米軍キャンプ　63
志 賀 島	志賀島　44
	志賀島水族館　37
	万葉歌碑　75
	蒙古軍供養塔・火焔塔　15
	山之神社　79
下　　原	立花山城跡　11
月　　隈	弾薬庫跡　28
名　　島	名島城跡　11、50
	帆柱石　44
	妙見島　50
名島－箱崎	名長橋23
箱　　崎	唐津街道旧郡境石　21
	九州大学　65
	きゅうろく SL.9600-49627　33
	DH-114ヘロン　33
	筥崎宮・大楠　127
	筥崎宮扁額　14
	箱崎宿御茶屋　21

	箱崎水族館　37
	バテレン追放令　76
	福岡競輪場　112
	ブルートレイン ナハネフ22
	33
東 公 園	亀山上皇像　14
	元寇資料館　15
	日蓮聖人像　14
	東公園動物園　36
馬　　出	恵光院燈籠堂　51
	九州大学医学歴史館　106
	称名寺・博多大仏　83
	崇福寺　53
	松尾芭蕉の墓　93
	利休釜掛の松　51
東区周辺	夢野久作「ドグラ・マグラ」
	108

▷博多区

上呉服町	将軍地蔵（葛城地蔵尊）　87
	大博劇場　64
上川端町	櫛田の銀杏　126
	しょっぱい水　101
	スーパーマーケット　102
御供所町	東長寺・福岡大仏　82
呉 服 町	大賀宗九　49
雑 餉 隈	難読　94
下 臼 井	板付空港（現・福岡空港）　62
下呉服町	伊藤小左衛門　49
住　　吉	住吉神社・苔で覆われた狛犬
	80
	住吉神社・古代力士像　111

	福岡市で一番古い時計店　122
	楽水園　35
大 博 町	原三信病院　107
竹　　下	東光寺剣塚古墳　9
綱 場 町	綱敷天満宮　47
対馬小路	オッペケペー節　114
	川上音二郎　43
	難読　95
店 屋 町	謎のポンプ　100
	福岡市で一番古い喫茶店　124
那　　珂	那珂八幡古墳　9
中呉服町	海元寺　78
	島井宗室　48
	蒙古碇石　15
中　　洲	辛子明太子　105
	北原白秋　67
	国際ホテル（現・アクア博多）　62
	玉屋屋上動物園　36
	原田種夫　66
	夢野久作　67
	ロイヤル中洲本店　63
奈良屋町	神屋宗湛　48
	魚腹地蔵　87
	元寇防塁　13
	豊国神社（神屋宗湛屋敷跡）　51
博多駅前	うどん　102
	人参町　106
	ヘンリー・ムーア「着衣の横たわる母と子」　116
博多駅中央街	母里太兵衛銅像　57
東 平 尾	牛頭天王八幡宮・マンガ顔な狛犬　81
吉　　塚	道頓堀　92
立 花 寺	難読　94
冷 泉 町	地名の起源　89
博多区－中央区　国体道路　112	
博多町割　52	

▷中央区

赤　　坂	緒方竹虎　61
	月形洗蔵居宅跡　58
	野村望東尼　43
荒　　戸	中野正剛　61
今　　泉	大隈言道　66
	容見天神故地　46
	キリシタン灯篭　77
	吉岡禅寺洞　67
今　　川	聖徳太子の作った仏像　91
	鳥飼八幡宮の千年ソテツ　127
	平野神社　59
大 手 門	阿波踊り　92
	圓應寺　53
大濠公園	大濠公園日本庭園　35
	デーメーテール像　7
	福岡市美術館東側の土塁　91
	福岡簡易保険事務センター　23
草 香 江	万葉歌碑　74
警　　固	菅原神社　47
	福岡警固教会　25
	味噌喰地蔵尊　86
桜　　坂	加藤司書公屋敷跡　58
	天満宮・笑顔の狛犬　80
笹　　丘	飢人地蔵　73
	樋井川炭鉱　27
地 行 浜	ヤフオク!ドーム　125
城　　内	祈念櫓　17
	旧母里太兵衛邸　18
	下之橋御門　17
	西部軍司令部のコンクリート壁　29
	（伝）潮見櫓　16
	筑前煮　104
	長屋門　18
	名島門　18
	福岡城　52
	武具櫓　19

平和台球場跡　110
歩兵第二十四連隊正門　19
本丸表御門　18
松木坂御門　19
万葉歌碑　74
南ノ丸多門櫓　16
歩兵第十二旅団司令部福岡連
　隊区司令部の石柱　29
母里太兵衛長屋門　56
陸軍境界杭　29

大　　名　飯田屋敷の大銀杏　127
旧大名小学校　24
松永真「平和の門」他　116
三宅速教授宅　65
養巴町通り　107

谷　　　　陸軍墓地にドイツ人の墓　93

天　　神　ヴィクトリア時代の街灯　90
映画「陸軍」　109
岡本太郎「挑む」　90
栄屋旅館　64
勝立寺　77、79、83
少林寺の黒田綱之の墓　55
水鏡天満宮　47
田原淳旧居跡　107
天神地蔵　84
東宝怪獣映画　109
日本銀行福岡支店　23
広田弘毅　60
福岡市赤煉瓦文化館（福岡市
　文学館）　22
福岡スポーツセンター　111
母里太兵衛天神屋敷　56
めがね地蔵　85
山崎朝雲「桂の影」　117
地名の起源　89

唐 人 町　大圓寺・阿彌陀如来坐像　81
ヤクルト　103
八兵衛地蔵　86

鳥　　飼　黒田家茶屋（別邸）跡　54
鳥飼潟・塩屋の松　12

長　　浜　フォークロック　115
めんたいロック　115

西 公 園　キリシタン収容所　77
光雲神社　53
光雲神社・首が反対を向いた
　狛犬　81
平野次郎国臣像　59
母里太兵衛銅像　57

西 中 洲　旧福岡県公会堂貴賓館　22

平　　尾　松風園　35
野村望東尼草庵　59
平尾天幡宮　47
水炊き　105

南 公 園　中山記念碑　61

薬　　院　容見橋　46
振武寮　30
西部軍マンホール　30
日本のセーラー服　103
陸軍境界杭　30

六 本 松　地名の起源　89

渡 辺 通　愛報地蔵　86

▷南区

大　　楠　日本赤十字社福岡支部の門柱
　　　　　6

日　　佐　難読　94

警 弥 郷　難読　95

高　　宮　貝島別荘　34

寺　　塚　赤穂浪士の墓　93

野 多 目　照天神社　78

向　　野　石投げ地蔵（イボ取り地蔵）
　　　　　85

▷西区

愛　　宕　勝ち地蔵　84
姪浜城跡　11
姪浜炭鉱、早良炭鉱　27

今　　宿　今宿　21

今　　津　白川稲荷大明神　78
元寇防塁　13

小呂島	軍事施設跡　31			油　　山	地名の起源　88	

小呂島　　軍事施設跡　31
　　　　　福岡市で一番北　120
橋　　本　3代藩主・黒田光之の胎盤
　　　　　54
豊　　浜　　姪浜炭鉱、早良炭鉱　27
姪の浜　　キリシタン村　76
　　　　　住吉神社・姿勢正しい狛犬
　　　　　81
　　　　　白毫寺　76
　　　　　姪浜宿　20
　　　　　吉　水　浩「Dragon King Rab-
　　　　　bits」117

▷城南区

梅　　林　梅林古墳　8
神松寺　　神松寺古墳　8
鳥　　飼　鳥飼炭鉱　26
七　　隈　菊池神社・ライオンっぽい狛
　　　　　犬81
東油山　　ひばり観音　73
別　　府　太閤道　51
　　　　　陸軍境界杭　28
友泉亭　　友泉亭　34

油　　山　地名の起源　88

▷早良区

板　　谷　福岡市で一番高い山　118
　　　　　福岡市で一番南　121
昭　　代　祖原山　12
　　　　　祖原炭鉱　26
高　　取　黒田藩御用窯跡　55
田　　村　もつ鍋　105
西油山　　さつき幼稚園・新幹線0系　32
西　　新　黒田藩御用窯跡　55
　　　　　元寇防塁　13
　　　　　修猷館高校　42
　　　　　西南学院大学博物館ドージャ
　　　　　ー記念館（旧私立中学西南学
　　　　　院本館）　25
　　　　　頭山満　60
曲　　渕　曲渕城跡　10
百　　道　カパプー　113
　　　　　長谷川町子　43
百道浜　　サザエさん　103
脇　　山　安楽平城跡　10

主な
参考文献

宮崎克則・福岡アーカイブ研究会編『古地図の中の福岡
　　・博多 —— 1800年頃の町並み』海鳥社、2005年
益田啓一郎（編）『ふくおか絵葉書浪漫 —— アンティー
　　ク絵葉書に見る明治・大正・昭和の福岡県風俗史
　　平原健二・畑中正美コレクション』海鳥社、2004年
九州産業考古学会『福岡の近代化遺産』弦書房、2008年
林えいだい『陸軍特攻振武寮 —— 生還した特攻隊員の
　　収容施設』光人社、2009年
後藤仁公『古写真で読み解く福岡城』海鳥社、2015年
日高三朗・保坂晃孝『博多 旧町名歴史散歩』西日本新
　　聞社、2014年
石橋源一郎・波多江五兵衛編『想い出のアルバム・博多、
　　あ の 頃 —— 明治・大正・昭和を綴る』葦書房、
　　1977年
川口勝彦・首藤卓茂『福岡の戦争遺跡を歩く』海鳥社、
　　2010年
柳猛直『福岡歴史探訪』（博多区編、南区・城南区編、
　　東区編、西区編、早良区編、中央区編）海鳥社、
　　1993—1996年
福岡市博物館監修『福岡博覧』海鳥社、2013年
大倉隆二『「蒙古襲来絵詞」を読む』海鳥社、2007年
廣崎篤夫『福岡県の城』海鳥社、1995年
オガワカオリ『九州の巨人！巨木‼と巨大仏‼！』書肆侃侃
　　房、2015年
アクロス福岡文化誌編纂委員会編『福岡県の幕末維新』
　　アクロス福岡、2015年
井上精三『福岡町名散歩』葦書房、1983年

あとがき
Y氏
（山田孝之）

　本書『福岡路上遺産2』では、2016年に出版した『福岡路上遺産』よりもカテゴリーをさらに細分化し、町々に残る「路上遺産」から歴史やトリビアを紹介しています。短いセンテンスで可能な限り端的に、そしてより多くのネタを詰め込む事を心がけて執筆に取り組みました。ここ最近は詳細に書かれた文章をじっくり読むよりも、ツイッターのように短い文章を空いた時間にさっと読むスタイルが定着してきているように思えます。この書籍もツイッターのような感覚でちょっとした時間に2、3ネタ読んで、また後で2、3ネタ読んで、というふうな読み方をしてもらえればと考えています。

　この書籍は「福岡路上遺産」という名の通り、路上に残る石碑や建築物、道筋、地名などを歴史遺産とみなし、そこから様々な逸話を掘り起こすという内容です。歴史的な価値を理解され保護されているものもあれば、逆に誰にも気づかれずひっそりと残っているものもあります。その誰にも気づかれなかったものを発見し、そこに価値を与えていく作業は非常に楽しく、クリエイティブでもあります。皆さんの身の回りにもきっと忘れられた歴史の痕跡が眠っているはずです。この書籍が、そういった知られざる「路上遺産」を発見するきっかけになれたら幸いです。

Y氏（山田孝之）
ブロガー、デザイナー。福岡近郊の路上ネタなどを紹介するブログ「Y氏は暇人(https://y-ta.net)」を運営。イラストレーターの山田全自動としても活動。著書に『福岡路上遺産』（海鳥社）、『福岡穴場観光』（書肆侃侃房）、『山田全自動でござる』『またもや山田全自動でござる』（ぴあ）等。

福岡路上遺産 2
身近に残る歴史の痕跡

■

2018年12月1日　第1刷発行

■

著者　　Y氏（山田孝之）
発行者　　杉本雅子
発行所　　有限会社海鳥社
〒812-0023　福岡市博多区奈良屋町13番4号
電話092(272)0120　FAX092(272)0121
印刷・製本　シナノ書籍印刷株式会社
ISBN 978-4-86656-026-7
http://kaichosha-f.co.jp/

［定価は表紙カバーに表示］